不受傷
完美身材
計畫書

日本東海大學運動醫學科學研究所 教授
有賀誠司

瑞昇文化

體驗耳目一新的嶄新成效與樂趣吧！

　　不論年齡或性別，相信多數人皆已施行過肌力訓練。即使是高齡者或女性族群對於肌力訓練的接受度也頗高，並將此訓練視為基本訓練而加以運用。此外，肌力訓練不但有改善體型、強化運動體力的功效，亦能預防代謝症候群或運動障礙症候群 (Locomotive Syndrome，因年齡增長所伴隨而來的運動機能退化)，還有預防高齡者提早接受居家照顧等益處，效用相當廣泛。

　　雖然肌力訓練已如此普及，但「已經練出肌肉，卻還是不擅於健行」、「雖然上提力量已提升，但運動時卻未有絲毫進步且停滯不前」，諸如此類的例子還是很常見。而「各部位的肌肉尺寸已有所改善或肌力已提升，但日常生活動作或運動動作未能運用自如」的人依然極其眾多。認真實施肌力訓練後，必然會期望能夠增長肌肉，改善體型，亦希望步行能力能夠增強。該怎麼做才能實現這些願望呢？

　　可作為有效解決之道的對策之一，即採用可鍛鍊各部位肌肉的傳統訓練法，並採用「能夠有效提升各肌肉與各骨骼相互結合的運作能力」的訓練法。運動員在針對比賽所進行的訓練初期，會進行肌肉雕塑或提升各部位的肌力；比賽將至的後期階段則會施行此項訓練法，即「著重於運動動作以及其相關變化」，以力求提升體育比賽時的效能。此種訓練方式若運用於日常生活中，可讓「步行」、「跑步」、「上樓」等動作變得更輕鬆，因此近年來亦被一般人士積極應用。

　書中將「個別鍛鍊各部位肌肉，藉以改善肌肉尺寸或外型的訓練法」稱之為「各部位肌肉訓練」，而能夠改善「各部位的肌肉與骨骼相互連結的運動能力」之訓練法則稱為「動作訓練」。本書乃是以「結合兩種訓練法，藉以得到廣泛而實用的成效」為概念。此外，書中收錄的運動項目並不需要特殊器材就可以在家進行訓練。並依據程度、目的設計多種課程。從本書開始入門的肌力訓練初學者，若能運用「骨骼肌力自我檢測(24頁)」，以充分理解自己目前的姿勢、柔軟度、肌力、日常生活動作之現狀，再加以訓練，如此效果會更佳卓越。

　倘若讀者們，能夠以本書為契機，藉以體驗肌力訓練的嶄新成效與樂趣，並希冀能對各位有所裨益，以期施行效率優異卓絕。

有賀 誠司

「可直接從適合自己的肌力訓練開始播放！」

- 將DVD放入府上的DVD播放器中，再開始播放。
- 出版公司名稱、注意事項、開場畫面或書名等相關事項皆會以重要說明畫面加以表示。
- 先按搖控器上▲▼之類的按鍵，以選擇您想要觀看的項目，再按「放映」或「播放」或「ENTER」此類按鍵。

所有課程均會依如下順序開始播放。

不受傷完美身材計劃書

▶ ALL

▶ 骨骼肌力自我檢測

▶ 入門課程

▶ 進階課程

▶ 雕琢體型課程

▶ 動作訓練課程

切記，不要過度鍛鍊骨骼肌

「肌力訓練」或「肌肉訓練」的「肌」字即指「骨骼肌（Skeletal Muscle）」。骨骼肌乃是「橫跨關節並附著於骨骼上，以使骨骼活動的肌肉」。為了「雕琢出凍齡體塊」，就必須鍛鍊骨骼肌。在此將為各位介紹全新訓練課程，這些課程能讓您以絕佳卓著的效率進行鍛鍊。

藉由「**骨骼肌力自我檢測**」以充份理解肌力，
並依據水平與目的，從四項課程＊中嚴選出專屬課程，
亦能以循序漸進的方式逐次增強負荷。

＊本書44頁將會為您介紹最後第五項課程「提升運動效能之課程」。
＊DVD中的示範操作是將各項目彙集成一套課程，實際操作時，請依據「施行標準」
（34～44頁）或訓練純熟度、目的、體力等加以調整。

骨骼肌力自我檢測

大部份的人並不清楚「自己是否具備肌力？」，您是否僅保有所需必備的肌力？請以簡單的測試加以確認吧！

請從姿勢、柔軟度、肌力三個方向檢測您的身體。倘若肌肉衰弱僵硬，姿勢便會不端正，如此身體就會僵硬且難以活動自如…。了解身體的現況，可以提高您的訓練意願與幹勁！

入門課程

入門課程乃是專為從本書開始入門的肌力訓練初學者所設計。若您能以兩週的時間（一週三次）親身體驗出成效，如此即可激勵您持續進行訓練！

進階課程

進階課程乃是完成「入門課程」者或具備肌力訓練實戰經驗者所適用的課程。此課程除了能提升肌力，亦能改善體型或日常生活中的動作。

交替施行「上半身課程」及「下半身・軀幹課程」這兩個項目，藉此就能自然而然地讓比例變勻稱，並能提升肌力。也能針對重點進行強化！

雕琢體型課程

雕琢體型課程力求維持必需肌肉質量，並能減少體脂肪，且致力調整曲線，有美化姿態，讓生活中的動作更加機敏之效果。

動作訓練課程

動作訓練課程能提升日常生活或工作中的活動力。此課程適用於希望改善姿勢或動作、永保朝氣蓬勃的年輕身體及獲得活力之時。

關於本書的訓練名稱

• 各部位肌肉訓練

此訓練力求改善肌肉尺寸及外型，並致
力提升各部位的肌力。

• 動作訓練

此訓練致力改善各肌肉的運用方法，並力求動作精進。

• 骨骼肌訓練

本書是將上述訓練合而為一而成。而書中所介紹的課程則是以
此為目標，即「依據訓練目的同時進行肌肉訓練及動作訓練，
以引出相乘效果」。

進行DVD所收錄的肌力訓練、伸展運動
或各種運動時之注意事項

- 當您處於生病或受傷等情況之際，可否運動須先取得醫師的同意。
- 請各位極其謹慎注意，以防事故發生或受傷。
- 身體微恙、飲酒、極度疲倦之際，請勿進行運動。
- 進行運動時，不妨留意姿勢或動作之正確性、適度負荷及反覆次數！
- 進行運動或伸展運動時，建議各位請勿憋氣！
- 運動中，若感到疼痛或發生身體不適等情形時，請立刻停止運動。

※ DVD與本書中的負荷種類（自身體重、啞鈴、寶特瓶等）或示範者的動作
　 等，略有相異之處，請各位先行瞭解。

使用DVD的注意事項

・本DVD可利用DVD播放器或能播放DVD的個人電腦加以觀賞。然而， 有些
機種的個人電腦或DVD播放器無法播放本DVD。因播放本DVD所造成的事
故或故障情形，本公司礙難負責所有責任。而DVD播放器的操作方法，請
參閱您手邊的DVD播放器使用說明書。

・為了避免DVD沾到指紋、污垢或刮傷等，請小心拿取。當DVD髒污不潔
時，請用軟布以放射狀的方式由內而外加以輕拭。使用完畢後，務必自
DVD播放器中取出DVD，並請妥善保存，避免放置於陽光直射或高溫潮濕
的地方。

・依據法律規定，本公司一律禁止擅自將本書及DVD所收錄的部份內容或全
部內容，用於翻拍、複製、修改、轉售、於廣播中播放、發表於網路上、
公開放映以及出租等行為上。

本書的內容

因本書

「能依個人自由選擇適合自身的項目以施行訓練」
「DVD的項目要點相當明確」

為使訓練持之以恆且精益求精，故本書內容可靈活運用。

▶ 不論是Part2「各部位肌肉訓練」或Part3「動作訓練」，
您皆可從多種項目中選出適合自身的項目來實際進行訓練。

難度是以三個等級來表示，初學者從一顆星★開始入門，較為合宜！

負荷即表示能調整負荷大小的方法。當您身處體力不足或感覺費力疲頓等時刻之際，請斟酌利用。

難度 ★ ★ ★ ｜負荷 ⬆標準伏地挺身 ⬇屈膝並彎曲髖關節，膝蓋併攏

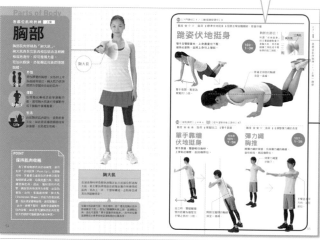

肌肉訓練的原則就在於改善全身比例。各部位的項目選擇一至兩種項目即綽綽有餘。而進行兩種項目時，與其選擇動作相仿的項目，（如55頁的下壓動作。）不如選擇動作相異的項目吧！（如56～57頁的前移動作）。

CONTENTS

CONTENTS

Part 1

骨骼肌訓練之
基本知識

Foundations of Training

巧善運用骨骼肌訓練
以雕塑出凍齡體魄 ！

所謂的凍齡體魄即指背肌挺直、曲線穠纖合度且動作具敏銳度的健康體魄。
施行肌肉訓練與動作訓練則為關鍵之鑰 ！

肌肉能鍛鍊
動作亦能否鍛鍊？

不論男女老幼，相信已經有多數人施行過肌力訓練了。然而，「即使肌肉增長、肌力提升，但卻懶得爬車站樓梯的人」卻不在少數。

雖然肌肉訓練自身的成效已提升，但在日常生活中，其成效卻未能落實。為何會發生這樣的事情呢？

其原因之一，乃在於藉由肌肉訓練，雖然能將身體各部位的肌肉個別鍛鍊好，但是負責傳送指令至各肌肉的「腦部、神經系統」，其作用卻未見改善所致。亦即，「肌肉」已鍛鍊好，但「動作」卻未鍛鍊完善。

引出肌肉訓練與動作訓練
的相乘效果

肌肉訓練蘊涵「能增大肌肉本身的大小，或調整肌肉外型」之功效，此功效即指表相面的功效。若能善用此訓練，就能以絕佳效率鍛鍊出外型姣好、令人賞心悅目的健康體魄。

此外，由於肌力與肌肉的橫切面成正比，因此增加肌肉質量亦可作為提升肌力的基礎，這可謂是重要至極之事。

而另一方面，肌肉為產生動作的原動力，若以汽車來比喻，就相當於引擎所擔負的任務一般。即使是步行、跑步、上樓此類平日的慣有動作，各肌肉動員運作的方式、力量發揮的強度、順序諸如此類的肌肉運用方法亦截然不同。

因此，在改善日常生活動作或運動動作方面，就必須依據肌肉訓練中的實際動作，讓腦部、神經系統學習肌肉運用方法，以力求改善機能面。

而為使肌力訓練的多重功效得以有效提升，因此就須努力構思出對策，如此表相面及機能面兩者的功效皆能獲得，這可謂是重點。

因此在本書中，可作為主要內容的訓練法即稱為「各部位肌肉訓練」，其致力改善肌肉尺寸或外型（表相）；力求提升肌力與改善肌肉運用方法的訓練法則稱為「動作訓練」，而肌力與肌肉運用方法即屬此機能方面，我將兩者合而為一創造出「骨骼肌訓練」此一詞彙。

此外，本書所介紹的課程乃是以此為目標，即「依據訓練目的讓肌肉訓練與動作訓練並存，以引出相乘效果」。

終極目標在於身心健康
和優質生活

　　體型或身體的機能一旦改善，就能多加體驗健康方面的正面成效。尤其是代謝症候群(Metabolic Syndrome)、運動障礙症候群，代謝症候群深受文明病所影響，運動障礙症候群則會從膝蓋疼痛或腰痛惡化成步態問題，乃至於臥床不起。而肌肉訓練、動作訓練皆可作為預防這些疾病的良方，擔負著重要的任務。此外，這些訓練對於精神層面或抗老的成效亦可期待，除此之外，亦利於提升生活品質且成效斐然。上了年紀之後，更可看出上述這些事情的重要性！

　　藉由肌肉訓練或動作訓練所得到的成效極其多樣、不可勝數，可將兩者合而為一，以呈相輔相成的關係。倘若藉由肌肉訓練與動作訓練之並存，而能得到1+1大於2的相乘效果，或許對於我們的健康及生活品質將會帶來莫大恩惠！

健康
身心健康
優質生活

- 預防文明病或肥胖
- 預防臥床不起，以防看護照顧
- 預防改善肩膀痠痛、腰痛等疾病
- 預防受傷
- 消除緊張
- 改善自信心、積極性
- 抗老

各部位肌肉訓練 **骨骼肌訓練** **動作訓練**

肌肉訓練與動作訓練之總稱
以相乘效果為目標

表相
（肌肉）
改善肌肉尺寸
或外型

肌力與肌肉大小成正比 →

← 改善訓練姿勢或動作

機能
改善肌力及
肌肉運用方法

- 改善體型
- 改善骨質密度
- 增加能量消耗

- 提升肌力、力量、速度
- 習得效率良好的動作
- 改善姿勢
- 改善日常生活動作、
  提升運動效能

骨骼肌訓練巧飾
美化外型&利於運動

肌肉訓練對於調整曲線與雕琢體型深具效果！
動作訓練則能讓姿勢正確得體，如此能讓您的好感度攀升！
並讓您對於上下樓梯不再備感痛苦，運動效能亦可提升躍進！

令人雀躍的變化
盡顯於外型上

●美體塑身

善用肌肉訓練，即可精確地讓希望雕塑的部位增長肌肉，亦能隨個人喜好隨意自在地改變體型。雕刻時，若時而添加黏土、時而削掉黏土，就能塑造出理想的外型，而肌肉訓練也同此理，可如法泡製。

舉例而言，若以重點式的方式鍛鍊肩膀（三角肌）中央部位，即可呈現出從正面目視顯得甚為寬闊的肩膀，並可調整小腿內側與外側的大小比例，亦能將

手臂的肱二頭肌（Biceps Brachii Muscle）頂端鍛鍊得頗具高度。

精確無誤且確實地讓您希望鍛鍊的部位增長肌肉，並減少脂肪，藉此即可讓您擁有穠纖合度的優美曲線，如此穿著套裝、洋裝、T恤或牛仔褲皆魅力非凡。

●雕琢體型

夏日將至，倘若你是以「腹肌分塊清晰可見且立體明顯的體型為目標」，即可以肌肉訓練來增加腹肌厚度，並將各部位的肌肉隆起鍛鍊得甚為立體。

而藉由飲食控制或有氧運動，即可讓體脂肪日趨減少，如此一來，雖然仍可隱隱約約的辨認出腹肌，但分塊卻不明顯立體。

造成這個現象的原因在於，因腹肌平坦，以致於腹肌隆起與凹陷處之交界線並沒有明顯的差異。進行腹肌(即腹直肌，Rectus Abdominis Muscle)訓練時，會運用到「彎腰並盡量使腹肌收縮」的技巧，如此就能改善腹肌隆起處的高度。

另一方面，若藉由肌肉訓練，即可增加肌肉的質量，如此一不單僅於運動的時候，就連沒有活動的安靜時刻，能量的消耗量也會增加。

此外，由於施行肌肉訓練能讓生長激

素分泌旺盛，如此脂肪分解作用便會極其強烈，因此可將肌肉訓練與有氧運動加以搭配組合，如此一來能以絕佳效率減少脂肪。

動作趨於輕快敏捷
運動也變得樂趣無窮

●改善姿勢

不論如何費盡巧思、絞盡腦汁打扮衣著，亦或是不論何其細心仔細地打理絲絲秀髮、巧飾妝容，若姿勢不佳，一切努力終將化成泡影。姿勢不僅會對姿容帶來影響，亦與「此人是否予人具積極性或信賴感這般的印象」關係至鉅。

舉例而言，駝背俯首步行者容易讓人抱持「毫無元氣、老態龍鐘且消極」的印象。反之，抬頭挺胸、面朝前方、昂首闊步者，則會讓週遭人士存有「洋溢年輕丰采、積極進取」的印象。

而在改善姿勢方面，必須先熟習身體各部位的理想位置，亦即構成姿勢的骨骼位置。而本書所介紹的肌肉訓練或動作訓練即可讓您習得正確的骨骼位置，並能讓您熟諳維持正確骨骼位置的肌肉運用方法。

此外，倘若持之以恆的進行骨骼肌訓練，就能將「正確姿勢之課程」建構於腦中，如此一來，即使在不知不覺中也能自然地擺出正確優雅的良好姿勢。

●日常動作變得舒適自在

透過肌肉訓練，將身體各部位的肌肉個別鍛鍊好之後，再運用動作訓練，讓各肌肉之間能相輔相成、相互靈活地運作，以完成動作。依照這樣的方式，將

肌肉訓練與動作訓練加以搭配組合，藉由此種訓練方式，能夠親身體驗到許多非常實用的效果，像是「原本很討厭爬車站樓梯，現在可以輕鬆走完」，也能夠「不以車代步，徒步去購物了！」

而動作機能一旦藉由動作訓練而提升，如此亦能以更高超優質的水平享受運動樂趣。舉例而言，在網球方面，步法會趨於優異精良，連續對打則能持續不間斷；而在高爾夫球或保齡球方面，不但能提升練習品質，得分亦會突飛猛進，有許多值得期待的優點。此外，運動時，負擔或衝擊會施加於身體上，「可減緩這些負擔或衝擊的能力」一旦益趨提升，對於預防受傷亦有所裨益。

締造益加積極活躍的生活

骨骼肌訓練能改善肩膀痠痛或腰痛等疾病，並能減緩文明病的風險。
且能恢復動作敏銳度，亦能讓精神層面得到放鬆，如此即可提升生活品質！

減少病痛或老化此類有害因子
增加益於健康的有利因子

●改善肩膀痠痛・腰痛

倘若長時間持續使用電腦，臉部會慢慢地越來越貼近銀幕，如此即易於引起頸部痠痛。此外，若是敲打鍵盤，肩膀肌肉則會在不知不覺中用力，如此亦易於引起肩膀痠痛。在需要長時間站立的工作者當中，備覺腰部肌肉緊繃的人士比比皆是，而惡化成腰痛的人士亦不在少數。

用來改善病狀的方法，大多是進行按摩或伸展運動，但其效果多半如曇花一現甚為短暫，就長期改善或預防肩膀痠痛與腰痛而言，效果有限」。

而將肌肉訓練與動作訓練加以搭配組合並予以施行，藉此即能習得正確姿勢，且能提升可維持姿勢的肌力，並能長期預防肩膀痠痛或腰痛，此預防效果相當值得期待。

●預防代謝症候群

腹部凸出的「內臟脂肪型肥胖」被視為代謝症候群的主因之一，代謝症候群即為所謂的Metabolic Syndrome。此疾病幾乎無自覺症狀，但若持續惡化，極有可能會罹患攸關性命的疾病，如心肌梗塞或腦中風等，因此莫置之不理。為求改善及預防代謝症候群，進行有氧運動與肌力訓練則被認定為具一定成效。

而為了預防代謝症候群，重要之事即為須防範內臟脂肪型肥胖。如前文所述（14頁），肌力訓練能夠改善體型，而且進行肌力訓練，血壓、膽固醇值或血糖值亦會隨之正常，等有許多值得期待的健康效用。

此外，由於提升肌力亦利於健行、慢跑等運動，其能讓這些運動的施行效率益加優異卓著，因此可讓各位輕鬆自如地從事有氧運動，如此亦能增加能量消耗。

●抗老〔逆齡回春〕

在施行肌肉訓練的人士當中，在視覺上看似較實際年齡年輕者似乎大有人在。可作為此現象的主因之一，則被定論為「因肌力訓練能讓生長激素分泌旺盛的關係所致」。生長激素的分泌量會隨著年齡增長而銳減，一旦至不惑之年的40歲，其分泌量便會降至10多歲時的一半程度。生長激素分泌量減少則被認定為會引起林林總總不利身體的各種現象，如恢復疲勞的能力減退、積極性降低、增長皺紋或增生白髮等現象。

為了抑制這些現象，而有此定論，即「藉由肌力訓練，能促進生長激素的分泌量，如此亦能產生益於身體的有利作用」，因此肌力訓練被視為健康抗老法而引人矚目。

●具敏銳度的動作

當我們運動時，肌力即為運動的動力來源，若以車子來比喻，肌力所擔任的角色即相當於引擎。因此，「肌肉質量下降或肌力衰退」與各種動作的力量減弱或速度減慢存有直接關係。

而構成肌肉的肌纖維組織可區分為快縮肌纖維（Fast Twitch Fiber）」與「慢縮肌纖維（Slow Twitch Fiber），快縮肌纖維能讓強而有力的強大力量展現出極快速度；「慢縮肌纖維」則能讓持續運動的能力發揮成效。

由於快縮肌纖維的衰退情形會隨著年齡增長而趨於明顯，其衰退程度甚於慢縮纖維，如此就會導致「具敏銳度的動作或掌控身體敏捷俐落度的技巧」趨於笨拙且不再如此靈巧矯捷，倘若這般情形仍持續惡化、每況愈下，便會導致日常生活中舉手投足的動作趨於遲鈍，當危險迫在眉睫之時，身體即難以在千鈞一髮之際，以迅雷不及掩耳的速度閃身，並旋即避開危險。

而肌力訓練會在肌肉上施加適度負荷，由於強烈刺激快縮肌纖維，便能預防該肌纖維衰退，如此即利於維持具敏銳度的動作，使其矯捷並充滿活力。

全身骨骼&肌肉示意圖

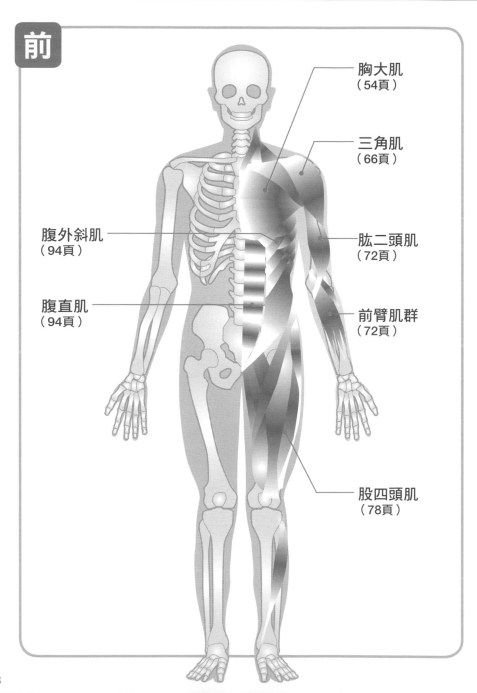

胸大肌
（54頁）

三角肌
（66頁）

腹外斜肌
（94頁）

肱二頭肌
（72頁）

腹直肌
（94頁）

前臂肌群
（72頁）

股四頭肌
（78頁）

在「骨骼肌訓練」中，希望各位鍛鍊的肌肉均標示於骨骼示意圖上。
請各位先瞭解肌肉的大略位置、形狀或尺寸後，再展開訓練吧！

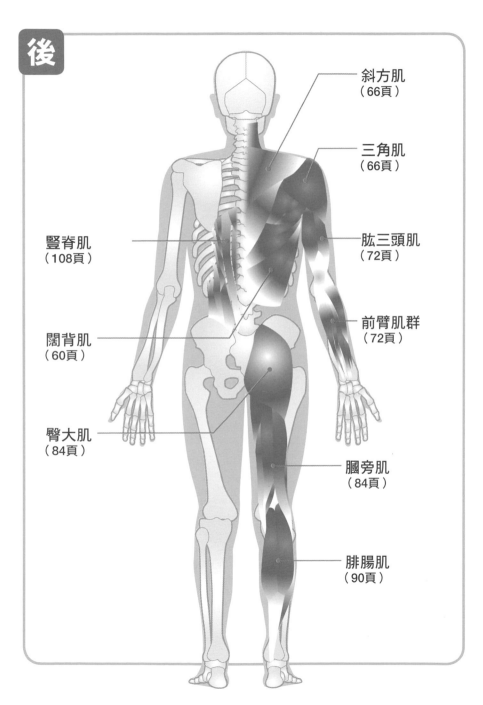

後

斜方肌
（66頁）

三角肌
（66頁）

肱三頭肌
（72頁）

豎脊肌
（108頁）

前臂肌群
（72頁）

闊背肌
（60頁）

臀大肌
（84頁）

膕旁肌
（84頁）

腓腸肌
（90頁）

可提升骨骼肌訓練
之成效的重點為何？

只要掌握簡單的規則，就能擁有骨骼肌訓練所帶來的絕佳成效！
效率絕佳的訓練方法為以下七點。

1

使用器材

　　由於本書所施行的訓練，即便在家中進行，亦會深具效果，因此書中採用兩種項目，即「未備有任何器材，也能以自身體重為負荷的項目」以及「須使用器材的項目」。

　　進行以自身體重為負荷的項目時，藉由變換姿勢等方法，就能讓負荷有所改變。舉例來說，在伏地挺身方面，未達目標次數時，若採取膝蓋著地的方式，即可減輕負荷。此外，進行深蹲（Squat）時是以雙腳進行蹲立，若改由單腳進行蹲立，不僅腳部承受的負荷會變大，並能培養平衡感，效果相當值得期待。

　　而在家中也可作為訓練器材且較易於操作的是啞鈴（上方照片）與彈力繩（下方照片），我將在此介紹運用啞鈴（Dumbbell）與彈力繩的項目。無法取得啞鈴時，將寶特瓶加水，以作為取代亦無妨。

　　就彈力繩而言，市售的訓練專用彈力繩，我則力薦具耐久性的款式。而在操作順手度與方便性方面，兩端附手把的彈力繩較為優質精良且更方便。

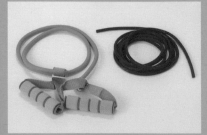

2 項目的選擇

　　重要之處就在於須選擇「能訓練身體各部位並能顧及比例的訓練項目」。倘若施行的項目僅偏好「自己情有獨鍾的部位或您希望鍛鍊的部位」，此時在比例上易造成偏頗不均，而且各部位之間的肌力比例會趨於不平衡，如此亦可能會對姿勢或動作造成影響，因此務必注意。

　　在本書中，我所介紹的多種訓練項目，不僅能讓各肌肉生長發育，而且我亦從力求改善運動機能或姿勢的觀點來考量，為各位介紹多種「能讓各肌肉與各關節相互協調運作的訓練項目」。

3 負荷大小與調整負荷

　　一般來說，在藉由肌肉訓練以增進肌肉質量（Muscle Mass）方面，採用「大約能發揮極限力量、竭盡全力反覆進行8～10次此等負荷」，即能深具效果且成效卓越。在啞鈴方面，可使用的重量約為「即使稍微反覆進行8～10次，動作亦不間斷」這般的重量。而在彈力繩方面，靈活運用粗細度或拉力不同的彈力繩，如此就能調整負荷。

　　而改變彈力繩的初始長度，或將彈力繩予以對折，如此亦能微調負荷。

　　此外，書中針對初學者所施行的「入門課程」亦或是能提升動作機能的「動作訓練」這些項目，我所力薦的負荷則是能反覆進行12～15次如此程度的負荷。

反覆次數及速度

4

　「肌肉訓練」能將各部位的肌肉個別鍛鍊好，在此項目方面，一般均是反覆進行「此項目的動作直至無法持續的程度為止」。然而，當您採用能反覆進行8～10次此等負荷時，反覆次數就是8～10次。但若是初學者，一旦反覆進行至極限的程度，姿勢或動作就會甚為紊亂，並具受傷的危險性，因此反覆進行1～2次如此程度後，即結束動作亦無妨。

　就訓練動作的速度而言，在「入門課程」與「進階課程」方面，須以2秒上舉、2秒下放（1次4秒）的速度（Pace）反覆進行10次。此外，在「雕琢體型課程」方面，動作速度須加快，並以1秒上舉、1秒下放（1次2秒）的速度反覆進行15次。而有關「動作訓練課程」方面，則須以快速再略微加速的動作進行訓練。

組數

5

　在肌肉訓練或動作訓練方面，則有此傾向，即「1個項目進行2～3組，比1個項目進行1組即結束，效果較好」。

　本書的課程亦是如此，就「進階課程」與「動作訓練課程」而言，我建議各位1個項目進行2組。當您體力尚充足且游刃有餘時，各個項目再增加1組也無妨。

　此外，在「入門課程」方面，我建議各位各個項目各進行1組，並採用較輕的負荷，簡單輕鬆地進行該動作5次左右，以進行熱身運動。

休息時間

6

在各項目之間或各組之間，須給予適度的休息。置身冀望增加肌肉質量（MuscleMass）的時候，各組之間的休息時間以30～90秒為標準。若休息時間過短，由於受到前一組訓練所產生的疲勞影響，下一組訓練的次數會大幅減少。

反之，若休息時間過長，生長激素（Growth Hormone）便無法分泌得極其旺盛，生長激素即為肌肉生長發育所需的必要物質。而「動作訓練課程」則是以提升動作機能為目的，並由動作訓練所構成，進行動作訓練此運動時，一組訓練結束後，須保留比「肌肉訓練」略長的休息時間，即1～2分鐘，以充份恢復疲勞後，再進行下一組訓練。

在「入門課程」與「進階課程」方面，各組之間的休息時間須保留30秒左右的時間。而在「雕琢體型課程」方面，由於肌力訓練此運動與有氧運動交替進行，因此大體上無須休息，即可進行下一個項目。

7

訓練頻率

肌肉訓練並非每日皆可進行。一般定論是肌肉因進行訓練而造成疲勞或導致肌肉損傷，恢復時間須費時48～72個小時。倘若未等到肌肉恢復元氣，就加以訓練，即會陷入所謂的「訓練過度（Overtraining）」的狀態中。因考量到須讓肌肉疲勞或肌肉損傷予以恢復，因此若先適度休息數日再進行訓練，就能讓肌肉恢復至較施行訓練前更為良好的狀態，即獲得「超量補償（Supercompensation）」，如此訓練成效便能順暢無礙地日益提升。

而有關本書的課程，可將訓練頻率設定為1週2～3次（中間可休息1～2日）。

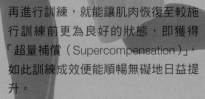

骨骼肌力自我檢測

Check

1 / 姿 勢

腰椎前凸傾向 ▶▶▶ 腰痛的危險度

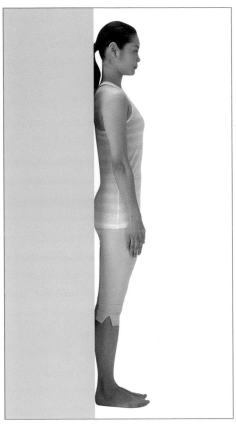

背對牆壁站立，腳後跟、臀部、背部、後腦勺整個身體背面均靠牆，並將手放入牆壁與腰部之間的間隙中，以檢測間隙寬度。

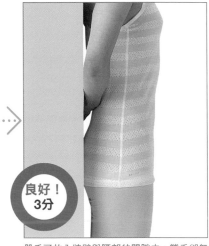

良好！3分

單手可放入牆壁與腰部的間隙中，雙手卻無法放入間隙中。

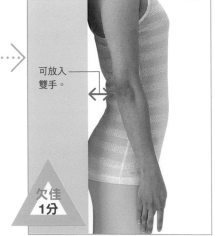

可放入雙手。

欠佳 1分

牆壁與腰部之間的間隙有可放入雙手的空間。

▶ 腰椎有嚴重前凸的傾向。可能會引起腰部緊繃或腰痛。

請在得分處打 ✔

☐ 3分　　☐ 1分

駝背傾向 ▶▶▶ 肩膀痠痛•頸部痠痛的危險度

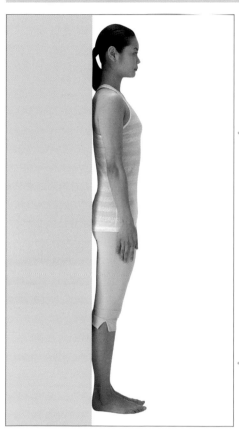

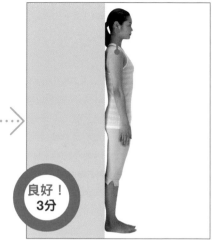

良好！
3分

肩膀位於耳孔正下方附近，牆壁與後肩之間無法放入拳頭。

背對牆壁站立，腳後跟、臀部、背部、後腦勺整個身體背面均靠牆，雙臂放鬆自然下垂，並檢測從側面目視的肩膀位置。

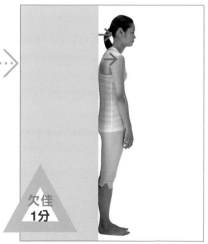

欠佳
1分

肩膀大幅前傾，牆壁與前肩之間能放入四根手指大小的拳頭。而頭部亦前傾。

請在得分處打 ☑

☐ 3分　　☐ 1分

▶ 有駝背傾向，可能會引起肩膀痠痛或頸部痠痛。

25

上半身 ▶▶▶ 肩膀至背部周圍的肌肉硬度、肩胛骨的動作

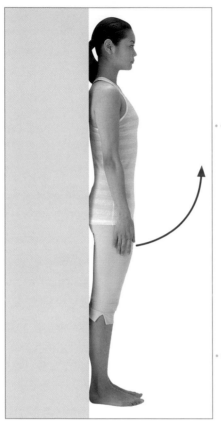

良好！
2分

未感覺到肩膀或背部僵硬，手臂能上舉至可觸摸到牆壁的程度。

欠佳
1分

背對牆壁站立，腳後跟、臀部、背部、後腦勺整個身體背面均靠牆，吸氣，同時將雙手緩緩地自前方舉至頭部上方。注意腰部切莫彎曲，亦切勿離開牆壁，並以適度的力道將手臂向上舉起即可，莫過於勉強。

手無法觸摸到位於頭部上方的牆壁。亦或是雖然手能觸摸到牆壁，但是手臂一旦上舉，腰椎前凸程度即趨於明顯。

▶ 肩膀的關節可動範圍具有變窄之傾向。
▶ 須預防肩膀疼痛的發生。

請在得分處打☑

☐ **2分**　　☐ **1分**

下半身 ▶▶▶ 大腿前側的肌肉硬度

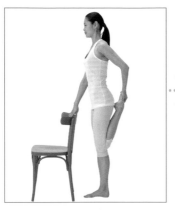

良好！
2分

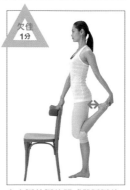

欠佳
1分

呈立姿，彎曲單膝，並抓住腳踝，再將腳後跟貼近臀部。將手緊靠在牆壁上或緊握椅背等倚靠物，維持此動作並保持平衡。

左右腳的腳後跟皆能觸碰到臀部。

左右腳的腳後跟或單腳腳後跟，無法觸碰到臀部。

請在得分處打 ☑　　　□ 2分　　　□ 1分

▶ 大腿前側肌肉具柔軟度下降之傾向。須預防膝蓋疼痛的發生。

軀幹 ▶▶▶ 腰部周圍的肌肉硬度

良好！
2分

腰部依然緊貼牆壁，雙手指尖則能觸碰到腳尖。

欠佳
1分

雙手指尖能觸碰到腳尖，但腰部卻離開牆壁。

欠佳
1分

雙手指尖無法觸碰到腳尖。

坐在牆邊，雙膝伸直，整個背部則緊貼牆壁。雙手置於膝蓋上，注意腰部切莫離開牆壁，並彎曲整個背部，吐氣，再將背部前屈，同時將雙手貼近腳尖。

請在得分處打 ☑　　　□ 2分　　　□ 1分

▶ 腰部周圍肌肉具柔軟度下降之傾向。須預防腰痛的發生。

3 肌 力

上半身 ▶▶▶ 藉由下壓動作，以檢測所使用的胸部、肩膀之肌力

〔伏地挺身〕

採取伏地挺身的初始姿勢，並將500ml的寶特瓶橫向平放於地板上，須置於胸部正下方，將身體下壓至胸部能觸碰到寶特瓶的程度，再將手肘伸直，回復至初始姿勢，並檢測反覆進行的次數。進行時，女性受測者的膝蓋可觸碰地板！

而下壓動作與上挺動作以各2秒的速度徐緩進行，切莫增加反作用力。若反覆次數已達10次，即可結束測試。

 良好！ 2分 　可達10次（以30多歲的男女為基準）。

 欠佳 1分 　9次以下。

請在得分處打☑　　　☐ 2分　　　☐ 1分　　　▶上半身肌力具減退的徵兆。

下半身 ▶▶▶ 藉由起立動作，以檢測所使用的大腿、臀部之肌力

〔單腳深蹲〕

將500ml的寶特瓶直立於支撐腳的腳尖側邊，單腳站立，屈膝，並蹲下，直至雙手能觸碰到寶特瓶上端的程度，然後起立，呈初始姿勢，並檢測反覆進行的次數。在動作進行中，若平衡感失衡以致懸空腳著地時，即可計算至此的次數。

而蹲下動作與起立動作須以各2秒的速度徐緩進行，切莫增加反作用力。倘若反覆次數已達10次，即可結束測試。若感到膝蓋或腰部疼痛，此時莫過於勉強，須停止測試。

 良好！ 2分 　左右腳可達10次。

 欠佳 1分 　左右腳或單腳9次以下。

請在得分處打☑　　　☐ 2分　　　☐ 1分　　　▶下半身肌力具減退的徵兆。

軀幹 ▶▶ 腹肌（腹直肌）肌力檢測

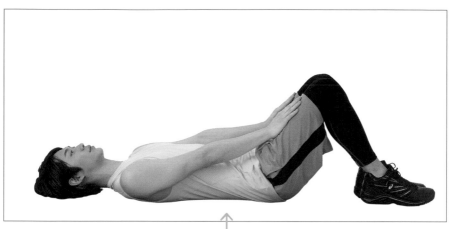

〔腹肌運動（上身上仰）〕

屈膝成直角，並仰臥於地板上，雙手手掌則置於大腿上。深深地吐氣，同時彎曲整個背部，手掌在大腿上滑動，並以指尖觸碰膝蓋最頂端處，反覆進行上述動作，並檢測次數。

而上仰動作與躺下動作須以各2秒的速度穩定進行，上身躺下時，雙肩須緊貼地板。若反覆次數已達15次，即可結束測試。若雙手無法觸碰到膝蓋，或腰部離地，此時即可計算至此的次數。

良好！
2分　可達15次。

欠佳
1分　14次以下。

請在得分處打 　　☐ 2分　　☐ 1分　　　▶腹部肌力具減退的徵兆。

4 日常生活動作

請加以檢測，並勾選出符合您的項目吧！

1 擔憂肩膀痠痛或頸部痠痛的問題。 ☐

2 握捷運的吊環，或是將洗好的衣服曬在高處時，手臂無法順利舉起。 ☐

3 在車站爬樓梯，大腿肌肉會感到緊繃。 ☐

4 步行時曾絆到腳。 ☐

5 從事方向轉換頻繁的運動，如足球、羽毛球等運動、與孩童玩捉迷藏、攜愛犬散步或經過有坑洞或階梯的地方時，較易絆倒。 ☐

6 身處擁擠不堪的地方，易與他人相撞。 ☐

7 若長時間站立，腰部肌肉便會緊繃。在短時間內呈半蹲姿勢，亦備覺費力且疲憊不堪。 ☐

8 提重物或搬運物品時，腰部備感負擔。 ☐

9 一旦坐在凳子上，腰部就會彎曲。若端坐於靠背椅上，臀部則會緩緩向前移。 ☐

10 對於撿拾地上的掉落物備感麻煩費事。 ☐

良好！
6分　　檢測指數0

注意
4分　　檢測指數1～4

欠佳
2分　　檢測指數5～10

▶ 日常生活動作具衰退的徵兆。

請在得分處打✓　│　☐ 6分　　☐ 4分　　☐ 2分

總 評

請以24～30頁的「請在得分處打☑」此欄為基準，不妨試著計算出總分吧！

1 姿勢

腰椎前凸傾向	☐ 3分	☐ 1分	
駝背傾向	☐ 3分	☐ 1分	
合計得分	☐ 6分	☐ 4分	☐ 2分

2 柔軟性

上半身	☐ 2分	☐ 1分		
下半身	☐ 2分	☐ 1分		
軀幹	☐ 2分	☐ 1分		
合計得分	☐ 6分	☐ 5分	☐ 4分	☐ 3分

3 肌力

上半身	☐ 2分	☐ 1分		
下半身	☐ 2分	☐ 1分		
軀幹	☐ 2分	☐ 1分		
合計得分	☐ 6分	☐ 5分	☐ 4分	☐ 3分

4 日常生活動作

| 合計得分 | ☐ 6分 | ☐ 4分 | ☐ 2分 |

總計　　　　分〈滿分為24分〉

20分以上

良好！

不妨善用「骨骼肌訓練」，讓您更加趨近理想體格但切莫鍛鍊過度！

15～19分

注意

嚴重負面影響未損及日常生活動作前，以骨骼肌訓練讓身體脫胎換骨、生氣勃勃！

14分以下

欠佳

身體益趨衰弱的危險性甚鉅，不妨藉由「骨骼肌訓練」，以力求恢復肌力！

課程選擇方式為何？

附錄DVD所介紹的訓練課程共有四種，而本書所介紹的訓練課程則多增加一種（44～47頁）。若要施行訓練，該如何選擇以及安排課程訓練，才能更具效果呢？

訓練經驗為何？鍛鍊身體的目的又為何？

未進行過肌力訓練（Strength Training）者，亦或是經驗甚少者，請從「入門課程」開始著手吧！至少進行兩週，以使肌肉習慣負荷，並熟悉訓練的基本動作！然後，再從「進階課程」、「雕琢體型課程」、「動作訓練課程」這三種課程中嚴選出適合自身目的之課程。

而關於「提升運動效能之課程」，則因須具備更強健的體力或更優質的身體掌控技巧，因此建議各位待「進階課程」結束後，再施行「提升運動效能之課程」。

● 進階課程

此課程力薦給「冀望鍛鍊肌肉、調整曲線，並企盼身體掌控技巧能靈巧矯捷，動作亦能正確得體的人士」。

● 雕琢體型課程

力薦給「希冀增加肌肉、調整曲線，並有意減少體脂肪的人士」。

● 動作訓練課程

此課程力薦給「企望日常生活或工作中的動作能更加輕快敏捷、積極活躍的人士」。而此項課程是以改善動作、讓動作正確得體為主要目的，較不著重於調整曲線或雕塑肌肉。

● 提升運動效能之課程

跑步、跳躍、投擲此類動作多半被視為運動基本動作，提升運動效能之課程即是以「改善基本動作之效能」為目的。

由於此項課程涵括難度較高的動作，因此建議各位待實際演練過入門課程與進階課程後，再進行此項課程。若貿然著手，則有「無法正確無誤地進行動作，且無法得到極佳成效」的情形發生，因此懇請注意。

而各項課程的施行時間，入門課程以兩週為標準，進階課程則以4～6週為標準。

熟練訓練項目
的基本課程

入門課程

※ 肌力訓練新手、初學者從此課
程開始著手。

調整曲線、改善動作
讓動作正確得體

進階課程

雕塑曲線
減少體脂肪

雕琢體型
課程

讓動作輕快敏捷
強化動作敏銳度

動作訓練
課程

改善運動動作
提升力量

提升運動效能
之課程

※ 實際演練過「進階課程」後,不妨再晉級至此課
程吧!本書DVD未收錄提升運動效能之課程。

Program

DVD

入門課程

入門課程乃是專為「從本書開始入門
的肌力訓練初學者」所設計的課程。
請以兩週的時間親身體驗肌力訓練與
伸展運動的初期成效吧!

目 的

- 施行 Part 2「各部位肌肉訓練」
  (肌肉訓練)的基本鍛鍊,以熟悉正
  確姿勢及動作。
- 喚起「神經傳送指令至肌肉的作用」,
  並給予適度刺激,以改善各肌肉的比
  例,使其均衡勻稱。

要 點

- 動作以「2秒上舉、2秒下壓或下放」為標
  準。
- 感覺疲憊費力時,可減少次數,並避免以
  不正確的姿勢勉強繼續進行訓練。
- 各項目之間的休息時間約30秒,在此時段
  可針對所使用的部位進行約15秒的伸展運
  動,左右手或左右腳各10秒。

施行標準

負 荷
採用能以正確動作反覆進行12~15次此等負
荷。

組 數 各項目均1組

訓練週期‧頻率
兩週,1週進行3次(中間可休息1~2日)

所需標準時間 10分鐘

肌肉訓練 跪姿伏地挺身
以雙膝著地的狀態,
進行伏地挺身。
▶ P.55
10回

伸展運動 大腿前側‧臀部
坐下,雙腳伸直,單腳彎曲,
並將上身往後仰。
▶ P.83
左右
各 10 秒

4 肌肉訓練 啞鈴划船
採取立姿前傾姿勢,
並將啞鈴往上舉起。
▶ P.61
10次

伸展運動 大腿後側‧臀部
單腳伸直,身體前屈。仰臥,並將單膝彎曲至上身部位
▶ P.88,89
左右
各 10 秒

7 肌肉訓練 肩上推舉
將啞鈴舉起,與肩同高,
並舉至頭部上方。
▶ P.67
10次

伸展運動 小腿
雙手靠牆,後腳屈膝。
▶ P.93
左右
各 10 秒

（伸展運動）**胸部**

單手靠牆，手肘伸直，
胸部往前傾。

▶ **P.58**

左右
各 **10** 秒

2 （肌肉訓練）**單腳深蹲**

單腳站立，彎曲髖關節，
並屈膝，再往下蹲。

▶ **P.79**

左右
各 **10** 秒

3 （肌肉訓練）**仰臥起坐**

仰臥，雙膝立起，雙手則滑動至膝蓋上。

▶ **P.95**

10 次

（伸展運動）**前腹部**

俯臥，雙手著地，並挺起上半身。

▶ **P.100**

15 秒

（伸展運動）**背部**

手肘伸直，雙手交握，
肩膀往前傾。

▶ **P.64**

15 秒

5 （肌肉訓練）**腿部後舉**

雙手與膝蓋著地，並將單膝彎曲至腹部附近，
再往後踢。

▶ **P.85**

左右
各 **10** 秒

6 （肌肉訓練）**轉體仰臥起坐**

仰起上身，同時將單手滑動至對側腳的膝蓋
上。 ▶ **P.96**

左右交替
各 **5** 次

（伸展運動）**前腹部・側腹**

仰臥，彎曲單膝，手撐地板，並扭轉腰部。

▶ **P.101**

左右
各 **10** 秒

（伸展運動）**肩膀**

手臂舉至正側方，對側手臂
則緊靠在手臂上。

▶ **P.70**

左右
各 **10** 秒

8 （肌肉訓練）**單腳提踵**

雙手靠牆，單腳站立，
踮起腳後跟再放下。

▶ **P.91**

左右
各 **10** 秒

9 （肌肉訓練）**展臂&提腿**

雙手與膝蓋著地，並將手臂及對側腳平舉。

▶ **P.110**

靜止5秒 +
休息1秒
左右交替
各 **5** 次

（伸展運動）**背部～腰部**

腳掌併攏貼合，屈膝，並彎曲整個背部。

▶ **P.112**

左右
各 **10** 秒

進階課程

DVD

進階課程乃是研習完「入門課程」者
或具備肌力訓練實戰經驗者所適用的
課程。入門課程請參閱34頁。

目 的

❶以循序漸進的方式逐步提升Part 2「各
部位肌肉訓練」（ 肌肉訓練 ）的難度
或負荷，以力求提升肌力，並改善體
型。

❶讓您實際演練 Part 3「動作訓練」
（ 動作訓練 ）的基本項目，以讓您在
日常生活中，如步行、上下樓梯或身體
掌控技巧等方面，親身體驗訓練成效。

要 點

● 「各部位肌肉訓練」的項目是以「2秒上
舉、2秒下壓或下放」為標準。
● 感覺疲憊費力時，可減少次數。
● 可在「各部位肌肉訓練」的各項目後，讓
所使用的部位進行約15秒的伸展運動，左
右手或左右腳各10秒。
● 待熟悉「動作訓練」項目中的姿勢或動作
後，不妨略增速度，速度須比「各部位肌
肉訓練」的速度略快，並請留意動作的自
然度！

施行標準

負 荷
動作訓練1～3項採用能反覆進行12～15次此等
負荷，肌肉訓練4～9項負荷為反覆進行8～10次

組 數 各項目均2組（各項目之間休息
約30秒）

訓練週期・頻率
與38頁的「下半身・軀幹課程」交替進行，1週
3次，中間可休息1～2日

所需標準時間 20分鐘

1 動作訓練
前跨弓步蹲
雙手握住啞鈴，
單腳闊步向前邁出。
▶ P.125

左右交替
各**5**次

4 肌肉訓練
單手靠牆
伏地挺身
單手靠牆，並採
前傾姿勢，再彎
曲手肘。
▶ P.55

左右
各**10**次

6 肌肉訓練 單手啞鈴划船
單手握住椅背，
並採前傾姿勢，
再將啞鈴向上舉
起。
▶ P.61

左右
各**10**次

8 肌肉訓練
彈力繩
直立上提
雙腳踩住彈力繩，並握住
彈力繩的兩端，將手肘抬
高，再將彈力繩往上拉。
▶ P.69

10次

2 (動作訓練)
靠牆前蹲

雙手靠牆，並採前傾姿勢，彎曲單膝，並往前抬高。
▶ P.129

左右
各 **10** 次

3 (動作訓練)
登階運動

雙手握住啞鈴，單腳踩在踏台上，再將「踩在踏台上的腳」之膝蓋予以伸直，並站在踏台上。
▶ P.133

左右
各 **10** 次

5 (肌肉訓練) **雙手合十左右移動**

雙手合十於胸前，並使力地往左右兩邊移動。
▶ P.57

來回
10 次

(伸展運動) **胸部**

雙手往後交握，並上舉至胸部，手臂則伸直拉緊。
▶ P.59

15 秒

7 (肌肉訓練)
**左右交替
滑輪下拉**

雙手拉平彈力繩並置於頭部上方，左右交替將彈力繩往下拉。
▶ P.63

左右交替
各 **5** 次

(伸展運動) **背部**

手肘伸直，雙手交握，並將肩膀往前傾。
▶ P.64

15 秒

(伸展運動) **肩膀**

手臂舉至正側方，對側手臂則緊靠在手臂上。
▶ P.70

左右
各 **10** 秒

9 (肌肉訓練)
集中彎舉

坐在椅子上，用腳將彈力繩予以固定住，彎曲手肘，並將彈力繩往上拉。
▶ P.73

左右
各 **10** 次

(伸展運動) **手臂**

手掌靠牆並朝後，手臂伸直拉緊。
▶ P.76

左右
各 **10** 秒

Program

進階課程

DVD

下半身・軀幹課程

相對於36頁的「上半身課程」，此為能提升下半身機能與軀幹機能之課程。

---

1 動作訓練
後蹬&拉舉

雙手握住啞鈴，屈膝並彎腰，雙腳自地板上向後踮起，再將啞鈴往上舉起。
▶ **P.135**

10次

---

4 肌肉訓練 **啞鈴單腳深蹲**

雙手握住啞鈴，單腳站立，彎曲髖關節並屈膝，再往下蹲。
▶ **P.79**

左右
各 **10次**

---

6 肌肉訓練
踏台舉臀

仰臥，單腳腳後跟置於踏台上，並將臀部及腳向上舉起。
▶ **P.87**

左右
各 **10次**

伸展運動 **大腿後側・臀部**

單腳伸直，身體前屈。
仰臥，並彎曲單膝，再貼近上身。
▶ **P.88,89**

左右
各 **10秒**

---

9 肌肉訓練
伏地展臂提腿

採取伏地挺身的姿勢，並將手臂與對側腳平舉。
▶ **P.111**

靜止5秒 +
休息2秒
左右交替
各 **3次**

2 **（動作訓練）正面跳躍登階**

單腳踩在踏台上，膝蓋伸直，同時進行跳躍動作，並將對側腳踩在踏台上。

▶**P.144**

左右交替
各**5**次

3 **（動作訓練）側弓步**

雙手握住啞鈴，單腳向側邊闊步邁出。

▶**P.148**

左右交替
各**5**次

5 **（肌肉訓練）啞鈴 挺髖蹲**

握住椅背，並將啞鈴握於單手上，彎曲雙膝，再往下蹲。

▶**P.81**

10次

（伸展運動）大腿前側・臀部

坐下，雙腳伸直，並彎曲單腳，上身則往後仰。

▶**P.83**

左右
各**10**秒

7 **（肌肉訓練）腳尖觸碰**

仰臥，舉起雙腳，並以雙手觸碰腳尖。

▶**P.95**

10次

8 **（肌肉訓練）提腿側向平板支撐**

呈側臥姿勢，手肘著地，並挺起上身，手插腰，再舉起上側腳。

▶**P.105**

靜止5秒 +
休息2秒
左右交替
各**5**次

（伸展運動）前腹部・體側～側腹・背部～腰部

變換姿勢，並伸展各部位。

▶**P.100,107,112**

15秒

左右
各**10**秒

15秒

DVD

雕琢體型課程

此課程能維持必需的肌肉質量，
並能減少體脂肪、調整曲線，
且能改善日常生活動作，
其改善成效亦相當值得期待。

目 的

❗力求減少體脂肪。

❗改善日常生活中的姿勢或動作。

要 點

● 將肌力訓練*與有氧運動**交替進行，採用此等超循環方式之課程，即可讓您親身體驗雕琢體型的成效。

● 以1次2秒的速度進行肌力訓練此項運動15次（約30秒），然後無須休息，再進行30秒的原地跑步，這兩項運動反覆交替進行。

＊Part2「各部位肌肉訓練」與Part3「動作訓練」的項目。

＊＊「原地跑步」

施行標準

負 荷
能以正確動作反覆進行20次以上此等負荷。

組 數　各項目持續進行1組（第1回合），休息2～3分鐘後，再進行第2回合。

訓練週期・頻率
1週進行2～3次（中間可休息1～2日）。

所需標準時間　20分鐘

---

1 **動作訓練** 後蹬&拉舉
雙手握住啞鈴，屈膝並彎腰，雙腳自地板上向後蹬起，再將啞鈴往上舉起。
▶P.135

30秒內 **15**次

---

4 原地跑步

30秒

---

7 **肌肉訓練** 啞鈴划船
肩膀向後挺，並將手肘抬高，再將啞鈴向上舉起。
▶P.61

30秒內 **15**次

---

10 原地跑步

30秒

---

13 **動作訓練** 側弓步
雙手握住啞鈴，單腳向側邊闊步邁出。
▶P.148

30秒內 左右交替 **15**次

※ 次數與秒數以「雕琢體型課程」所施行的標準（1組）為準。

2 原地跑步

進行原地跑步。

30秒

3 肌肉訓練 跪姿伏地挺身

以雙膝著地的狀態，
進行伏地挺身。

▶P.55

30秒內 15次

5 動作訓練 轉體弓步

雙手合十，單腳邁
出，雙手與上身向
側邊扭轉。

▶P.126

30秒內 左右交替 15次

6 原地跑步

30秒

8 原地跑步

30秒

9 動作訓練 分腿蹲跳

左右腳前後交替，並持續不斷地
進行跳躍動作。

▶P.143

※DVD中是使用啞鈴

30秒內 左右交替 15次

11 肌肉訓練 肩上推舉

握住啞鈴，與肩同高，並舉
至頭部上方。

▶P.67

30秒內 15次

12 原地跑步

30秒

14 原地跑步

30秒

15 動作訓練 立姿軀幹扭轉

雙手握住啞鈴，並往前伸直，再
往左右兩邊移動，並扭轉軀幹。

▶P.156

※DVD中是使用寶特瓶

30秒內 左右交替 15次

動作訓練課程

動作訓練課程能提升日常生活或工作中的活力。
此課程是以改善姿勢、動作為目標，較不著重於鍛鍊各部位肌肉。

目 的

❶ 適切地提升基本體能，同時改善日常生活中的相關動作或姿勢。

要 點

- 施行各項目之前，請先採用極輕的負荷，簡單輕鬆地進行該動作5次左右，做為熱身運動吧！
- 待漸趨習慣各項目的動作後，可在不過度勉強的合宜範圍內，逐步提升動作速度。

施行標準

負 荷
能以正確動作反覆進行12～15次此等負荷。

組 數
各項目均2組
（各項目之間休息約30秒～1分鐘）。

訓練週期·頻率
1週進行2～3次（中間可休息1～2日）。

所需標準時間 20分鐘

1 **動作訓練**
後蹬&拉舉
雙手握住啞鈴，屈膝並彎腰，雙腳自地板上向後蹬起，再將啞鈴往上舉起。
▶P.135

10次

4 **動作訓練** 側身靠牆深蹲
單手靠牆，單腳側身站立，並進行深蹲。
▶P.147

左右
各10次

7 **動作訓練**
登階踏箱&抬膝
單腳踩在踏台上，膝蓋伸直，並將身體往上挺，再將對側腳的膝蓋抬高。
▶P.131

左右
各10次

2 **動作訓練** **轉體弓步**

雙手握住啞鈴，單腳邁出，雙手與上身則向側邊扭轉。

▶**P.126**

※DVD中是使用寶特瓶

左右交替
各**5**次

3 **動作訓練**
正面跳躍登階

單腳踩在踏台上，膝蓋伸直，同時進行跳躍動作，並將對側腳踩在踏台上。

▶**P.144**

左右交替
各**5**次

5 **動作訓練** **臀部平衡運動**

雙腳離地，單側臀部懸空。
▶**P.123**

左右交替
各**5**次

6 **動作訓練** **弓步延伸**

雙手握住啞鈴，單腳向斜前方闊步邁出，並讓上半身前傾。▶**P.139**

左右交替
各**5**次

8 **動作訓練**
立姿扭臀

雙腳張開，雙手平舉啞鈴於胸前，扭腰同時大幅度地扭轉上半身。

▶**P.155**

※DVD中是使用寶特瓶

左右交替
各**5**次

Program

提升運動
效能之課程

提升運動效能之課程乃是專為運動愛好者所設計的課程,其能提升運動必備力量或速度,並且對於改善動作亦頗俱成效。此課程較適合想要挑戰高標準的「動作訓練 *」之人士(中高級者)。

＊Part3「動作訓練」所刊載的項目

目 的

🟠 力求增強大肌肉群的力量,大肌肉群為運動動作的原動力。

🟠 讓「跑步、快速轉換方向、跳躍此類具代表性的運動動作」之效能有所提升。

要 點

● 在施行各項目之前,請先採用較輕的負荷,簡單輕鬆地進行該動作5～10次左右,當做熱身運動吧!
● 關於「動作訓練」,可在不過度勉強的合宜範圍內,以循序漸進的方式逐步提升速度,並以俐落敏捷的動作進行訓練。
● 課程結束後,不妨進行各部位的伸展運動吧!以作為緩和運動。

施行標準

負 荷
能以正確動作反覆進行12～15次此等負荷。

組 數
各項目均2組(各項目之間休息約30秒)。

訓練週期‧頻率
A課程及B課程1週交替施行2～3次(中間可休息1～2日)。

| 所需標準時間 | 20分鐘 |

1 【動作訓練】
後蹬&拉舉
雙手握住啞鈴,屈膝並彎腰,雙腳自地板上向後蹬起,再將啞鈴往上舉起。
▶ P.135

10次

4 【動作訓練】
分腿蹲跳
雙手握住啞鈴,左右腳前後交替,並持續不斷地進行跳躍動作。
▶ P.143

左右交替各5次

7 【肌肉訓練】
單手靠牆伏地挺身
單手靠牆,並採前傾姿勢,再彎曲手肘。
▶ P.55

左右各10次

2 【動作訓練】
轉體弓步行進

雙手合十並往前平舉，
單腳闊步邁出，反覆進
行扭轉上半身的動作，
同時向前行進。

▶ **P.127**

10步

3 【動作訓練】
靠牆前蹲

雙手靠牆，並呈
前傾姿勢，彎曲
單膝，並將單膝
往前抬高。

▶ **P.129**

左右
各**10**次

5 【動作訓練】
側弓步

雙手握住啞鈴，單腳向側邊
闊步邁出。

▶ **P.148**

左右交替
各**5**次

6 【動作訓練】
過頭拉舉&仰臥起坐

呈仰臥姿勢，雙膝立起，並將寶特瓶握於頭
部上方，再將寶特瓶往前移動，同時將上身
向上仰起。

▶ **P.152**

10次

8 【肌肉訓練】
單腳站立
腿部後舉

單腳站立，雙手向前伸
直，同時將腳往後踢。

▶ **P.85**

9 【肌肉訓練】
轉體腳尖觸碰

呈仰臥姿勢，並舉起雙手，
再舉起單腳，並以對側手觸
碰腳尖。

▶ **P.97**

左右交替
各**10**次

10 【肌肉訓練】
單腳站立
啞鈴側彎

單手握住啞鈴，單腳站立，
並將上半身向側彎。

▶ **P.103**

左右
各**10**次

左右
各**10**次

Program

提升
運動效能
之課程

| B課程 |

B課程則是能與A課程交替施行的課程，持續進行這兩項課程，即可力求力量、速度或動作的全面提升。A課程請參閱44頁。

動作訓練
後蹬&上舉

雙手握住啞鈴，彎曲髖關節並屈膝，雙腳自地板上向後蹬起，再將啞鈴往上舉起。

▶ **P.136**

10次

動作訓練 側身靠牆深蹲

單手靠牆，單腳側身站立，並進行深蹲。

▶ **P.147**

左右
各**10**次

肌肉訓練 單手啞鈴划船

單手握住椅背，並採前傾姿勢，再將啞鈴往上舉起。

▶ **P.61**

左右
各**10**次

肌肉訓練 踏台舉臀

仰臥，並將單腳腳後跟置於踏台上，再將臀部與腳向上舉起。

▶ **P.87**

左右
各**10**次

※次數與秒數以「提升運動效能之課程」所施行的標準（1組）為準。

〔動作訓練〕
登階踏箱
&抬膝

單腳踩在踏台上，
膝蓋伸直，並將身
體往上挺，再將對
側腳的膝蓋抬高。

▶**P.131**

左右
各**10**次

3

〔動作訓練〕立姿扭臂

雙腳張開，雙手平舉啞
鈴於胸前，扭腰同時大
幅度地扭轉上半身。

▶**P.155**

左右交替
各**5**次

5

〔動作訓練〕
側面跳躍登階

自踏台側邊將單腳踩在
踏台上，膝蓋伸直，左
右腳交替進行跳躍動
作。

▶**P.145**

左右交替
各**5**次

6

〔動作訓練〕
單腳下階

雙手握住寶特瓶，單
腳踏下踏台。

▶**P.133**

左右
各**10**次

9

〔肌肉訓練〕腳尖觸碰
仰臥，舉起雙腳，並以雙手觸碰腳尖。
▶**P.95**

10次

10

〔肌肉訓練〕
伏地展臂提腿

採取伏地挺身的姿勢，
並將手臂與對側腳平舉。
▶**P.111**

靜止5秒＋
休息2秒
左右交替
各**3**次

56910

Part

骨骼肌訓練之基本知識 ▼▼ 提升運動效能之課程（B課程）

Column

持之以恆持續訓練的秘訣 之 ❶

　　痛下決心，希望能努力不懈的「展開骨骼肌訓練！」。在最初的階段，為了親身體驗成效，大家想必會期望訓練能夠持之以恆。然而，在過程中總會遭遇到導致練習無法持續的難題。為什麼無法持續呢？若能知曉原因，就可掌握持之以恆的訓練秘訣了！

理想體型的概念並不明確

將自身的理想體型鉅細靡遺地具象化

　　方法甚為簡單，若您方便的話，可身著泳裝或短褲之類的衣服，並從正面、背面、左側、右側拍攝全身照，再列印出來。然後可檢查各部位的肌肉與脂肪的穠纖狀態、上半身與下半身或左半身與右半身的比例等，並將理想曲線確切且鉅細靡遺地描繪出來，藉此即可將自身的身體現狀及理想體型精確無誤地予以具象化。

心想「等有空時再進行訓練」

為訓練試著改變生活型態

　　不論怎麼等待，閒暇時刻卻不輕易到來。此外，採用「附加方式」，即目前的行程完全未改變就進行訓練，如此僅會徒增負擔，訓練則會停滯不前，並令您裹足不進。因此，若嘗試看看此類方法，即「試著將訓練列為優先，而工作或私人的行程則較為次要」、「先削減（或縮減）目前的某些行程，再進行訓練」，如此漸入佳境的可能性則會提高。

忙得不可開交故無法持之以恆

因課程時間短，故能集中可藉由訓練清除工作上的疲乏

　　若調整訓練課程，即使僅利用較短的時間，亦能提升成效。此外，因工作疲累困頓、精疲力竭之際，訓練能消除精神疲勞，此效果亦能令各位拭目以待。而施行訓練則與身心健康息息相關，最終對於工作或學習的效率亦能大有助益。

若未能完成訓練會感到很失落，因此敬而遠之

適切的休養生息下次對於充實的訓練似乎就能得心應手

　　訓練終究還是為了自己，因此無須背負因無法完成訓練而造成罪惡感或挫折感。不妨轉換心情吧！並抱持正面思考：「今日先休息一下，下次的訓練定能更具效果！」

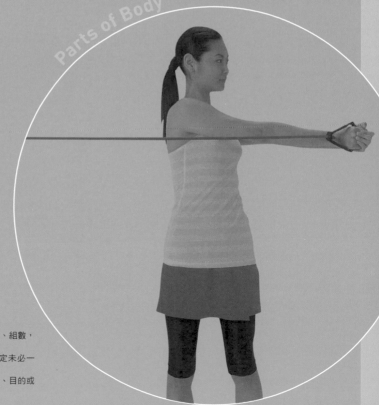

Part **2**

各部位肌肉訓練

Parts of Body

各項目中所標示的次數、秒數、組數，
施行時，均以一般標準為準。
本書 DVD 所收錄的課程之設定未必一
致。
施行時，請依據訓練的純熟度、目的或
體力等加以調整。

巧用各部位肌肉訓練
以讓身體脫胎換骨！

「各部位肌肉訓練」是「骨骼肌訓練」的章節標題之一。
在Part2中會以重點式的方式介紹鍛鍊身體各部位的訓練項目，
從上半身至下半身乃至於軀幹皆會介紹。

亦可施行
自身專屬訓練課程

如Part1所述，本書所介紹的「骨骼肌訓練」是由「各部位肌肉訓練」與「動作訓練」所組成，其目標則為「藉由上述這兩項課程的相乘效果，以讓身體脫胎換骨」（12、13頁）。

而其中的「各部位肌肉訓練」主要是由個別鍛鍊各肌肉的訓練項目所構成。

● 可選擇項目

在Part2中將會為各位介紹各部位肌肉訓練的項目，當您希望依自身喜好選擇項目時，請選擇一至兩種「能改善各部位比例的項目」加以進行訓練。而希望能重點鍛鍊的部位選擇多項亦無妨。

● 以大肌肉群為優先

項目的進行順序為，訓練當日的課程前段優先進行大肌肉群（Large Muscle Groups）的項目。大肌肉群即指胸部、背部、大腿等身體中的大肌肉。接著，課程後段再進行小肌肉群的項目較為理想。而小肌肉群即指肩膀、手臂、軀幹、小腿等身體中的小肌肉。

而有關「發達度較不明顯的部位」或

「希望能重點式的加以強化的部位」，則是無須顧慮部位的優先順序，即可進行訓練。由於課程前段是在「尚未疲困、集中力亦高並能聚精會神的狀態下」施行訓練，因此課程前段成效較為顯著。

而「短瞬間使用多種肌肉的項目」或是「讓多重關節同時運作的項目（多關節運動）」，可優先進行。反之，僅使用單一關節的項目（單關節運動），則須在課程後段再著手進行。由於同時使用多種肌肉或多重關節的項目，必須具協調性地使用各肌肉，因此處於疲頓勞累之際，施行效率會欠佳而成效不彰，故在課程前段施行訓練較為理想。

請各位不妨也留意各部位肌肉訓練與「諸如跑步此類的有氧運動」之組合吧！

一旦於有氧運動結束後，再進行各部位肌肉訓練，可促進肌肉生長發育的生長激素，即無法分泌地極其旺盛。因此，就順序而言，應先進行各部位肌肉訓練，再進行有氧運動，才是適切的訓練方式。

● 施行伸展運動

建議各位，在各部位肌肉訓練的項目之後，可施行該部位的伸展運動。

舉例來說，「伏地挺身（Push Up）」

（55頁）可作為胸部訓練項目，進行了1～3組的伏地挺身後，在移至下一個項目之前，可施行能讓胸部肌肉有所伸展的伸展運動（58頁）。由於進行各部位肌肉訓練時，使用了胸部肌肉，因此胸部肌肉易疲勞，肌肉本身則會變硬，藉由伸展運動讓所使用的肌肉加以伸展，如此硬度便會減輕，並能讓收縮

力予以恢復。

此外，進行伸展運動時，由於血液循環會暫時減緩，因此能促進生長激素的分泌，生長激素則能促使肌肉生長，此效果相當值得期待。

各部位肌肉訓練

嚴選項目
- 從各部位中嚴選出一種或兩種能讓比例勻稱的項目

課程前段
- 可進行「能鍛鍊胸部、背部、大腿或臀部此類大肌肉群的項目」
- 若有「希望能以重點式加以強化的部位」，亦可優先進行
- 能讓多重關節加以運作的項目（多關節運動），可優先進行

伸展運動
可在各部位肌肉訓練項目結束後，施行該部位的伸展運動項目。

課程後段
- 可進行能鍛鍊肩膀、手臂、軀幹此類小肌肉群的項目
- 僅使用單一關節的項目（單關節運動），則於課程後段時期再進行

須在肌肉訓練結束後，再進行有氧運動。

各部位肌肉訓練
的要訣

當施行各部位肌肉訓練之際，
企盼初學者能注意呼吸與動作速度。
切莫憋氣，以穩定的速度徐緩地進行為重點。

以不憋氣的方式
進行訓練動作

基本上，在訓練動作中無須憋氣。由於處於憋氣狀態，一旦用力，血壓就會急速上升，因此懇請初學者須特別注意。

為了預防血壓上升的弊病，因此進行訓練時，須吸氣、吐氣持續進行，此即為原則。而在「手持啞鈴、彈力繩或寶特瓶此類重物進行訓練」之項目方面，則是在多數情況下，上舉時須吐氣，放下時則須吸氣。

此外，在上半身訓練項目方面，進行諸如擴胸之類的動作時須吸氣。反之，將已擴展的胸部漸漸往內收時，則須吐氣。一旦將深呼吸的動作予以具象化，或許能夠更容易理解！

而在軀幹訓練項目方面，進行上半身前傾或彎曲整個背部的動作時，須吐氣，而回復至初始姿勢時，則須吸氣。

有關上述這些動作以外的項目，進行時須留心注意切勿憋氣，自然地呼吸即可。

以穩定速度
徐緩進行訓練

在Part 1（22頁）曾提到動作速度，在進行各部位肌肉訓練時，自始至終皆須以穩定的速度進行訓練，須以2秒上舉、2秒下壓或下放（1次約4秒左右）的標準進行訓練。初學者可稍微徐緩些，以大約3秒上舉、3秒下壓或下放，以如此緩慢的動作來進行訓練也無妨。

此外，在各部位肌肉訓練方面，由於是以重點式的方式個別鍛鍊各肌肉，因此有容易引起肌肉疼痛之傾向。肌肉產生疼痛時，直至疼痛消除之前，切莫進行該部位的訓練，請先休養。而肌肉未疼痛或已恢復元氣的部位，即使進行訓練亦無任何妨礙。肌肉疼痛時，為了促使肌肉復原，暫時停止該部位的訓練，這件事相當重要。

再者，身處使用啞鈴這些項目的時候，則有手滑以致啞鈴掉落在腳上的危險性。我想在家中訓練時多數人大都是光著腳未穿鞋進行，但是使用啞鈴時，奉勸各位請穿鞋。

各部位肌肉訓練的呼吸方式

各部位肌肉訓練 上半身

胸部

胸部肌肉即稱為「胸大肌」。
胸大肌與其它肌肉相互結合且相輔
相成地運作，即可發揮力量。
若加以鍛鍊，即能趨近理想曲線。

外型

男性厚實的胸膛、女性的上半
身曲線等部位，胸大肌乃是與
理想外型關係至鉅的肌肉。

Style

運動

在球類比賽或武術等運動方
面，運用胸大肌進行投擲動作
或下壓動作實屬重要。

Sports

生活

倘若胸部肌肉硬化，姿勢就會
欠佳，如此容易導致肩膀或背
部僵硬，也易產生疼痛。

Life

胸大肌

POINT

保持肌肉收縮

　　為了提高胸部肌肉的收縮度，進行
如「伏地挺身（Push Up）」此類動作
時，其重要之處就在於身體上挺至極
限程度之際，切莫耗盡力氣，須持續
收縮肌肉。因此，雙肘須向內收緊，
胸部肌肉則須用力夾緊，此即為重
點。此時，若肩膀前傾，胸大肌
（Pectoralis Major）的肌力即易於耗
盡，因此須呈擴胸狀態，並收緊雙肘。

　　此外，身體下壓時，肩胛骨須確實
地往內收緊，如此即可讓胸部肌肉在
更大的關節可動範圍內進行伸展。

胸大肌

對鏡自照時所目視到身體正前方的部位即為胸
大肌，其主要為「將物品往前推」此動作所使
用的肌肉，並由上、中、下部所構成，企盼各
位將其比例鍛鍊得宜。

在胸大肌訓練方面，有此傾向，即「優先從胸大肌中
部鍛鍊至下部」。而為了鍛鍊胸大肌上部，並調整比
例，因此可運用「單手靠牆伏地挺身」，而手的位置
宜調整成比標準伏地挺身略高的位置為佳。

難度 ★★★ │ 負荷 ⬆標準伏地挺身 ⬇屈膝並彎曲髖關節，膝蓋併攏

跪姿伏地挺身

雙手及雙膝著地，上身盡量往下壓，
維持此姿勢，並將上身往上撐起。

利於此部位！
所謂「伏地挺身」
的主要鍛鍊對象乃
是胸大肌，其亦能
鍛鍊三角肌或手臂
後側的肱三頭肌。

10次×
1～3組

三角肌
胸大肌
前

膝蓋至頭部的軸線
須呈一直線。

雙手張開，寬度為
肩寬的1.5倍。

難度 ★★★ │ 負荷 ⬆單腳站立 ⬇雙手靠牆

單手靠牆
伏地挺身

左右各
10次×
1～3組

單手靠牆，雙腳略往後移。
上身貼近牆壁，並回復原位。

站立時，雙腳離牆
壁的距離為牆壁至
手臂之長的1.5倍。

肩膀至腳踝的軸線
須呈一直線。

難度 ★★★ │ 負荷 ⬆⬇調整彈力繩的長度

彈力繩
胸推

10次×
1～3組

將彈力繩繞於背部，手持彈力繩的兩端，
並往前拉，再回復原位。

將彈力繩置
於腋下。

手臂呈水平
方向，並往
前拉。

Part
2
各部位肌肉訓練 ▼▼▼（上半身）胸部

難度 ★ ★ ★ ｜負荷 ⬆⬇ 調整彈力繩的長度

揮舞彈力繩

左右各
10次 ×
1～3組

將彈力繩固定於側邊，握住彈力繩的一端並往前移，
再回復原位。

利於此部位！

將手臂平舉並往前移，藉由此動作即可鍛鍊胸大肌、三角肌。而腹部肌肉對於支撐姿勢亦能發揮強烈功效。

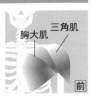

胸大肌　三角肌

前

── 將彈力繩調整成
水平方向。

手臂呈水平 ─
方向，並往
前移。

疲勞時怎麼辦？

當肌力不足、無法達到標準次數或組數時，該如何
因應？

▼

請調整負荷大小吧！肌肉訓練專用彈力繩，有著各
種不同水平的類型。

難度 ★ ★ ★ | 負荷 ⬆⬇ 調整彈力繩的長度

單腳站立
揮舞彈力繩

左右各
10次 ×
1～3組

將彈力繩固定於側邊，握住彈力繩的一端，
舉起對側腳，並將彈力繩往前移，再回復原位。

手臂呈水平
方向，並往
前移。

手插腰。

VARIATION　DVD【進階課程】上半身 5

難度 ★ ★ ★ | 負荷 ⬆⬇ 依據使力程度加以調整

雙手合十左右移動

來回
10次 ×
1～3組

雙手手掌合十，並使力地往左右兩邊移動。

前臂呈
水平方向。

切勿
移動肩膀。

各部位肌肉訓練 上半身

胸部
伸展運動

「胸部」個別部位肌肉訓練結束後，在施行下一個項目前，在此介紹三種胸部伸展法，各位能在休息時間加以進行。

身體照顧

- 肌力訓練結束後，須在體溫下降前進行緩和運動，此即為重點。
- 當您發現自己因伏案工作而導致駝背時，建議您亦可進行胸部伸展運動。

放鬆舒緩

擺脫駝背
減緩肩膀痠痛的症狀

由於日常生活中也頻繁使用胸大肌此類胸部肌肉，因此疲勞一旦日積月累地積存，肌肉便會緊縮，如此易造成駝背。一旦形成駝背，就會導致肩膀痠痛或頸部痠痛。若採用胸部伸展運動加以照顧，症狀亦會隨之舒緩。

胸部
伸展運動 1

**手掌靠牆
並加以伸展**

Hold Time
左右各
15秒

手掌朝後，與地板平行，並靠牆，手肘伸直，胸部則往前挺。

以肩膀前傾的姿勢
進行伸展。

手臂呈水平方向，
手掌則呈橫向方向並靠牆。

胸部　伸展運動 2

手部著地並加以伸展

手部及膝蓋著地，單手往側邊伸展，
肩膀則貼近地板。

Hold Time
左右各
15 秒

肩胛骨往內收。

手臂伸展至正側方。

胸部　伸展運動 3

雙手交握並加以伸展

雙手向後交握，胸部往上挺，雙臂則拉緊。

Hold Time
15 秒

胸部往斜上方挺。

手臂往斜下方拉。

各部位肌肉訓練 **上半身**

背部

「闊背肌」覆蓋著下背，照字面解釋，
「闊背肌」即為寬大的肌肉。
與拉手臂的動作息息相關。

外型
Style
若您是以V字型的緊實背部、
凹凸有緻的纖細腰線為目標，
不妨鍛鍊背部肌肉吧！

運動
Sports
闊背肌的力量對於由前往後拉
的動作或下拉動作實屬重要。

生活
Life
開門的動作常使用闊背肌。

POINT

以肩胛骨的動作為優先

在背部肌肉訓練方面，主要是以拉
舉的動作為主。而在「啞鈴划船」此
類項目方面，舉啞鈴時，若手肘抬得
過高，背部肌肉即無法充分運作，若
運作不良反而較不利。若先將肩胛骨
確實往內收，再舉起手肘，如此使用
背部肌肉就會更具效率。

而進行「下拉（Pull Down）」此類
動作時，若能先進行肩胛骨下壓的動
作，再以肩膀下壓、腋下收緊的姿勢
讓手臂貼近軀體，如此就能更輕易地
意識到背部肌肉。

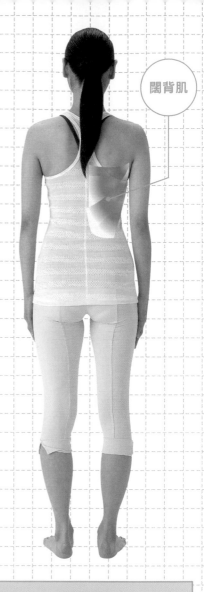

闊背肌

闊背肌

闊背肌主要為「由前往後拉、下拉這些動作」
所使用。而在訓練方面，讓肩胛骨與腕骨（肱
骨）相互結合且相輔相成地運作即為重點。

在闊背肌訓練方面，重點在於不僅要活動手臂，亦須
讓肩胛骨優先活動。鍛鍊闊背肌，藉此即可讓男士雕
塑出倒三角形的背部。而自己難以確認的部位，先拍
照再加以確認亦不失為一項良策。

難度 ★★★ ┃負荷 ⬆⬇調整啞鈴的重量

啞鈴划船

肩膀向後挺，並將手肘抬高，再將啞鈴往上舉起。

**10次×
1～3組**

利於此部位！

讓手部承受負荷並由前往後拉，藉由此動作或下拉動作，即可鍛鍊闊背肌。

闊背肌

後

上身前傾，
背肌挺直。

將啞鈴朝
側腹方向往上
拉舉。

DVD【進階課程】上半身 6 ┃【提升運動效能之課程】**B7**

難度 ★★★ ┃負荷 ⬆⬇調整啞鈴的重量

單手
啞鈴划船

**左右各
10次×
1～3組**

單手握住椅背，並以前傾姿勢
將啞鈴往上舉起。

難度 ★★★ ┃負荷 ⬆⬇調整彈力繩的長度

彈力繩划船

**10次×
1～3組**

坐在椅子上，用腳將彈力繩予以固定住，
並往上拉。

滑輪下拉

以雙手將彈力繩平舉於頭部上方，並將彈力繩左右兩邊同時往下拉。可將彈力繩自頭部上方下拉至胸前或頸部後方任一處。（交替進行亦可）

10次×
1～3組

利於此部位！

大圓肌位於闊背肌略為上方之處，此種肌肉能協助闊背肌運作。滑輪下拉則能同時鍛鍊這兩種肌肉。

大圓肌
闊背肌
後

將彈力繩往外拉，同時下拉至胸前。擴胸，以讓肩胛骨貼近並意識到彈力繩。

將彈力繩下拉至頸部後方，以貼近並意識到肩胛骨。

難度 ★★★ ｜負荷 ⬆⬇調整彈力繩的長度

左右交替
滑輪下拉

以雙手將彈力繩平舉於頭部上方，
並以左右交替的方式往下拉。

左右交替
各**5**次 ×
1～3組

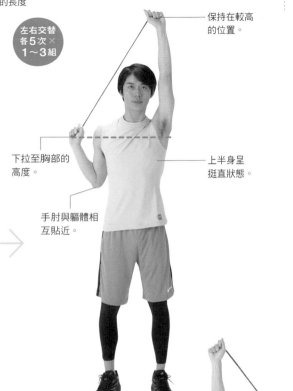

保持在較高
的位置。

下拉至胸部的
高度。

上半身呈
挺直狀態。

手肘與軀體相
互貼近。

讓左右兩邊同高。

軀幹周圍肌肉須
用力。

各部位肌肉訓練 上半身

背部

伸展運動

闊背肌廣泛覆蓋背部，
鍛鍊完闊背肌之後，原地站立，
當場、
悠然自得地進行背部伸展運動。

身體照顧

Care

- 背部肌肉容易因支撐頭部、手部重量或駝背等因素，以致平日累積的緊繃現象趨於嚴重，並產生痠痛等症狀。肌力訓練結束後，可進行能充分伸展背部的伸展運動。

背部 伸展運動 1

肩胛骨向外擴展

手肘伸直，雙手向前交握，將肩胛骨向左右兩邊擴展，肩膀則前傾。

Hold Time
15秒

以「能意識到肩胛骨，宛如拉住某人的手」這般姿勢進行伸展。

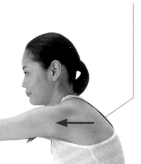

腰部切莫前傾。

意識

何處會舒展？
伸展何處？

此處所介紹的三種背部伸展運動，不論進行何種效果均相同嗎？未必，雖然乍看之下相同，但若試著實際演練一番，您定能發現舒展部位的微妙差異處。施行伸展運動別敷衍了事，而是須確實到位，並意識伸展部位來進行即為重點。

背部
伸展運動 2

伸展背部側邊

雙手伸展至頭部上方，
以單手握住對側手腕，並向側傾。

Hold Time
左右各
15 秒

雙手呈向上舒展的狀態，
手部宛若畫弧線般地向側
傾。

上身彎曲成弓形。

腰部切莫往側邊移動。

肩胛骨向上聳起。

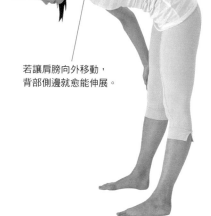

若讓肩膀向外移動，
背部側邊就愈能伸展。

背部
伸展運動 3

伸展腋下

單手握住竿子之類的棒狀物，上
身前傾，身體重心則施加在後
方，並伸展腋下。

Hold Time
左右各
15 秒

各部位肌肉訓練 上半身

肩膀

希望擁有健壯外型的人士，
渴盼擺脫肩膀痠痛的人士，
皆須施行肩膀肌肉訓練。

外型
若鍛鍊三角肌，在視覺上背部
即顯得寬闊，此效果能令各位
不失所望。

運動
肩膀肌肉與跑步甩動手臂的動
作有關。

生活
曬衣服時，會頻繁地重複「將
手舉至高於肩膀高度」此動
作。

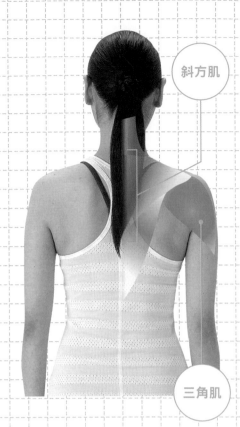

斜方肌

三角肌

POINT

確認背部靠牆的動作

在「肩上推舉（Shoulder Press）」
此類推舉項目方面，上舉時上半身往
往會向後彎，手臂則會朝前。如此一
來，就難以充分使用肩膀肌肉，而肩
膀肌肉的運用即難以發揮作用，因此
可先試著保持背部緊貼於牆壁等處的
姿勢，同時進行動作，如此較為合宜
吧！

而肩胛骨一旦往內收，手臂即可輕
易地往上舉直。

此外，如「直立上提（Upright
Row）」這般由下往上提的動作，若
能以「先聳肩然後將手肘往上舉這樣
的順序」進行動作，即可進行更大幅
度的動作。

斜方肌

斜方肌乃是進行聳肩動作時所使用的肌肉，並
是引起「肩膀痠痛」具代表性的一種肌肉，亦
是拍肩、揉肩時所使用的肌肉。

三角肌

手臂側舉、前舉或上舉至正上方這些動作常使
用的肌肉即為三角肌，其由前部、中部、後部
所構成，若讓中部發達，即可顯現出寬闊的肩
膀。

雖然按摩對於消除肩膀痠痛的效果極佳，但「修正平
日的姿勢、甚至積極地讓斜方肌（Trapezius Muscle）
大幅運作、力求肌力提升」則與長期預防肩膀痠痛息
息相關。

難度 ★★★ ｜負荷 ⬆⬇ 調整啞鈴的重量

肩上推舉

握住啞鈴，與肩同高，並舉至頭部上方。

10次×
1～3組

利於此部位！

將手臂向上推舉，
藉由此動作，即可
鍛鍊三角肌、肱三
頭肌。

三角肌

肱
三頭肌

後

進行時將前臂
伸直。

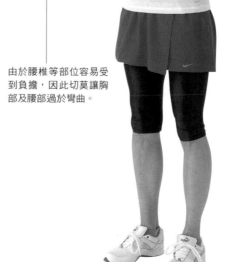

由於腰椎等部位容易受
到負擔，因此切莫讓胸
部及腰部過於彎曲。

直立上提

將啞鈴握於大腿前方，抬高手肘，
並將啞鈴向上提起。

10次×
1～3組

利於此部位！

手持啞鈴或彈力繩
並抬高手臂、肩
膀，藉由此動作，
就能鍛鍊三角肌與
斜方肌。

斜方肌
三角肌
後

手肘抬高。

切勿握得過緊。

腹部切莫彎曲。

上提動作

進行上提啞鈴、彈力繩等運動器材的動作時，並非
「用手舉起」此等感覺，若能先聳肩，然後再舉手
肘，如此就能進行更大幅度的動作。

難度 ★ ★ ★ ｜負荷 ⬆⬇ 調整彈力繩的長度

彈力繩
直立上提

**10次 ×
1～3組**

用腳將彈力繩予以固定住，
手肘抬高，並將彈力繩往上拉。

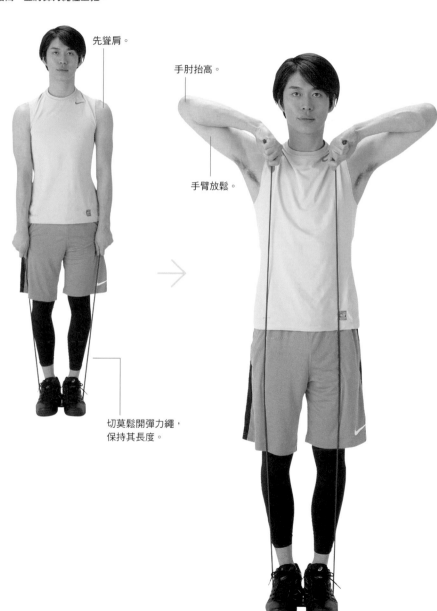

先聳肩。

手肘抬高。

手臂放鬆。

切莫鬆開彈力繩，
保持其長度。

各部位肌肉訓練 上半身

肩膀
伸展運動

肌力訓練對於消除肩膀痠痛亦具療效，藉由伸展運動讓肌肉柔軟並促進血液循環，如此更易呈現出效果。

Care

身體照顧

- 因伏案工作等因素以致肩膀僵硬時，能讓肩胛骨周圍有所鬆弛的伸展運動則深具療效。

- 即使採取讓頭部緩緩向側傾的動作，亦能讓斜方肌為之舒展，各位請留意，需時常進行肩膀伸展運動。

肩膀
伸展運動 1

伸展三角肌

手肘伸直，並將手臂舉至正側方，對側手臂則緊靠在手臂上。

Hold Time
左右各
15秒

舉至肩線處。

肩膀切莫移動。

姿勢
藉由正確姿勢
預防肩膀痠痛

在此為您介紹的伸展運動，除了能讓斜方肌、三角肌有所舒展，亦能改善心情，對於消除肩膀痠痛亦具療效。然而，不管怎麼說為了預防肩膀痠痛，熟習正確姿勢甚為重要。各位不妨善用動作訓練（120頁），以習得正確姿勢吧！

肩膀

伸展運動 2

伸展斜方肌

單手伸至背部，並用對側手予以握住，
再往斜下方拉。

Hold Time
左右各
15 秒

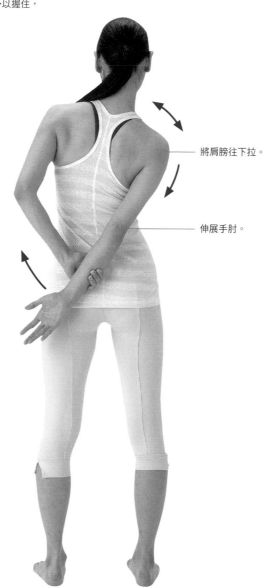

將肩膀往下拉。

伸展手肘。

各部位肌肉訓練 上半身

手臂

健壯的肱二頭肌、緊實未鬆弛的上臂。不論肱二頭肌或上臂，皆為手臂訓練的必要部位。手臂則是易於鍛鍊的部位。

外型
不論年齡多寡，均會在意上臂鬆弛的情形。鍛鍊「肱三頭肌」，藉此可達緊實之效，效果值得期待。

運動
在「運用球拍的運動或有投擲動作的運動」方面，強化手臂實屬重要。

生活
因操作電腦等因素，以致前臂疲累勞乏，因而使上臂負擔增加，如此會導致肩膀痠痛。

POINT

於偌大的關節可動範圍內進行訓練

手臂肌肉訓練的重要之處在於儘可能在偌大的關節可動範圍內進行訓練。而「採取獨創作法的自學者」因關節可動範圍狹隘，以致無法提升成效的案例比比皆是。尤其是鍛鍊肱二頭肌，彎曲動作須確實到位。鍛鍊肱三頭肌時，伸展動作則須極其精確，重點宜著重於此！而在鍛鍊肱二頭肌的項目方面，因下放動作易耗盡力氣，因此下放啞鈴此類重物時，不妨留意儘可能將動作大略分為三段式，並徐緩地加以進行吧！

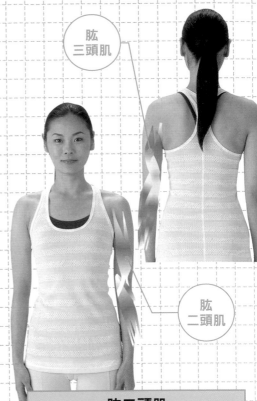

肱二頭肌

橫跨手肘、肩膀與兩個關節並附著於骨骼上的肌肉即為肱二頭肌，其為雙關節肌肉，不僅能對彎曲手肘發揮作用，當手臂往前舉起時亦能發揮功效。

肱三頭肌

肱三頭肌主要能對伸展手肘發揮作用。在「手臂後舉」方面，伸展手肘時調整手掌方向，藉此即可讓所使用的肌肉有所改變，手臂後舉請參閱74頁。

前臂肌群

前臂肌群負責彎曲手腕、扭轉手腕的動作，處於提物此類須保持穩定狀態的時刻，即會頻繁使用此肌群。而進行如網球或高爾夫球此類須手持運動器材的運動時，則可強化前臂，如此即能深具效果。

難度 ★★★ ｜負荷 ⬆⬇ 調整啞鈴的重量

手臂彎舉

雙手握住啞鈴，彎曲手肘，
並將啞鈴向上舉起。

利於此部位！
手臂彎舉乃是鍛鍊肱二頭肌具代表性的訓練項目，須先讓手部承受負荷，再反覆進行彎曲手肘的動作。

肱二頭肌
前臂肌群
前

10次×
1～3組

手肘切勿向前後移動。

雙手手掌朝內。

DVD【進階課程】上半身 9

難度 ★★★ ｜負荷 ⬆⬇ 調整彈力繩的長度

集中彎舉

坐在椅子上，用腳將彈力繩予以固定住，彎曲手肘，並將彈力繩往上拉。

左右各
10次×
1～3組

手肘撐在大腿內側。

難度 ★★★ 負荷 ⬆⬇ 調整啞鈴的重量

手臂後舉

採取立姿前傾姿勢，伸展手肘，
並將啞鈴往後舉。

利於此部位！

讓手臂對抗負荷，
再將手臂往後舉，
藉由此動作，即可
鍛鍊肱三頭肌。

後

肱
三頭肌

左右各
10次×
1～3組

伸展手肘。

手觸碰膝蓋，
以支撐上身。

VARIATION 1

難度 ★★★ 負荷 ⬆⬇ 調整啞鈴的重量

雙臂啞鈴後舉

採取立姿前傾姿勢，並將「握於雙手上的啞鈴」
往後舉。

10次×
1～3組

讓上身前傾，
整個背部則呈
挺直狀態。

VARIATION **2**

難度 ★★★ ｜負荷 ⬆️⬇️調整啞鈴的重量

椅子手臂後舉

左右各
10次×
1～3組

握住椅背，並採取立姿前屈姿勢，手肘伸直，再將啞鈴往後舉。

亦有「將手掌朝上，以進行手臂後舉」此等方法。

各部位肌肉訓練 上半身

手臂
伸展運動

充分確實地伸展上臂前側、後側與前臂各部位，如此即可消除訓練所造成的疲憊或日常生活中的勞累。

Care

身體照顧
- 不僅須伸展較為疲累的單側手臂，亦須伸展左右雙臂。

手臂
伸展運動 1

伸展上臂前側

先將手掌朝上，並扭轉肩膀，
然後將手掌朝下，再將食指緊貼牆壁。

Hold Time
左右各
15秒

食指緊貼牆壁。

腳與牆壁的距離約為手肘彎曲後，
手臂與牆壁之間的距離。

運動

善用伸展運動
以防受傷

　在籃球或排球運動方面，尤以肱二頭肌或肱三頭肌使用特別頻繁，而高爾夫球或排球等運動則會反覆活動手腕，因此前臂肌群使用特別頻繁。尤其是比賽後，先進行伸展運動甚為重要。

無法抓住手肘時，
可抓住手腕。

手臂 伸展運動 2

伸展上臂後側

雙臂纏繞於頭部後方，
單手握住手肘，並往側邊拉。

Hold Time
左右各
15秒

手肘切莫彎曲。

若握住指尖，
伸展效果加倍提昇。

手臂 伸展運動 3

伸展前臂內側

單臂往前伸直，手掌朝上。
並以對側手抓住指尖，指尖則朝下，
並往身體方向拉。

Hold Time
左右各
15秒

各部位肌肉訓練 **下半身**

大腿前側・臀部

「股四頭肌」能支撐膝關節，
「臀大肌」則能維持骨盆穩定性，
兩者對於立正、步行、上下樓梯
實屬重要。臀大肌請參閱84頁。

外型
強化股四頭肌能改善大腿曲
線，而強化臀大肌則可提臀。

Style

運動
對所有運動而言，跳躍、踢、
衝刺等動作所需的下半身力量
甚為重要。

Sports

生活
為了能輕快的步行、上下樓
梯，大腿前側與臀部是肌肉訓
練所不能遺漏的部位。

Life

POINT

以單腳增強負荷

　「深蹲」是以雙腳進行蹲立，可謂是
大腿前側訓練的最基本項目，但在此
處則是採取「單腳深蹲」，以作為大腿
前側訓練。以單腳進行深蹲，負荷即
可增強，如此臀部側邊的肌肉（臀中
肌）就能更強而有力地動員運作，此
即為單腳深蹲的特點。

　而在「挺髖蹲」方面，若能盡量將
髖關節（腹股溝前側）呈挺直狀態，
膝蓋往前挺時，大腿肌肉就能伸展，
並能進行運作，如此即易於提升訓練
效果。然而，膝蓋一旦過於彎曲，則
有受傷的危險性，故須注意。

股四頭肌

股四頭肌

「股四頭肌」此種肌肉主要作用為讓膝
蓋伸直。為了減緩因跑步所造成的落地衝擊，因此企盼
各位能以「鍛鍊出與自身體重相稱的肌力」為
目標（請參閱28頁下方）。

倘若30歲時的肌肉質量為100％，大約至50歲時即
銳減10％，而至80歲時則約莫銳減一半。最近「運
動障礙症候群」蔚為話題，妨礙步行動作的主因之一
即為股四頭肌的肌力不足。因此自年輕時期即須隨時
維持肌肉質量。

難度 ★★★ 負荷 ⬆手持啞鈴 ⬇手扶椅子

單腳深蹲

單腳站立，彎曲髖關節，屈膝，並往下蹲。

左右各
10次×
1～3組

利於此部位！

膝蓋與髖關節同時彎曲，藉此即可將大腿與臀部鍛鍊出完美絕佳的比例。而大腿與臀部請參閱85頁的臀大肌。

股四頭肌

後

上身前傾，背肌挺直。

切勿將膝蓋過於伸出。

VARIATION 🅳🆅🅳【入門課程】2

難度 ★★★ 負荷 無須調整

椅子單腳深蹲

握住椅背，僅以單腳進行深蹲。

左右各
10次×
1～3組

🅳🆅🅳【進階課程】下半身・軀幹 4

難度 ★★★ 負荷 ⬆⬇調整啞鈴的重量

啞鈴單腳深蹲

雙手握住啞鈴，僅以單腳進行深蹲。

左右各
10次×
1～3組

挺髖蹲

握住椅背，雙膝彎曲並向前挺，同時讓上身往後仰。

**10次×
1～3組**

利於此部位！
挺髖蹲乃是僅給予
股四頭肌強烈刺激
即能有所成效的訓
練項目。

股
四頭肌

前

伸展腹股溝，膝蓋向前挺。
若膝蓋過度彎曲，易導致膝
蓋受傷，故須注意。

難度 ★ ★ ★ 負荷 ⬆⬇調整啞鈴的重量

啞鈴挺髖蹲

握住椅背，單手則握住啞鈴，雙膝彎曲，
並往前挺，同時讓上身向後仰。

10次×
1～3組

→

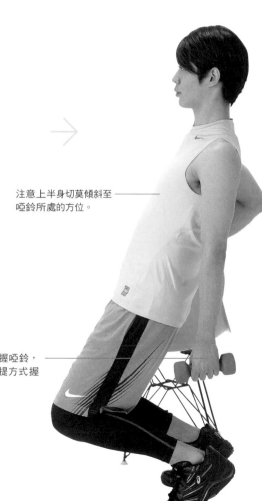

注意上半身切莫傾斜至
啞鈴所處的方位。

切勿緊握啞鈴，
並以手提方式握
住啞鈴

81

各部位肌肉訓練 **下半身**

大腿前側•臀部

伸展運動

股四頭肌乃是強而有力的碩大肌肉，因此企盼各位能徐緩地進行伸展運動。

身體照顧

- 由於日常生活中亦頻繁使用大腿前側與臀部，如步行、站立、上樓等，因此這些部位容易變硬。若置之不理，易產生骨盆傾斜等問題，因此不妨儘早以伸展運動讓大腿前側與臀部有所鬆弛吧！

肌肉硬度

恢復下半身的柔軟度

在「骨骼肌力自我檢測」的章節中，已介紹過大腿前側肌肉硬度的檢測法（27頁），結果如何呢？若您被評定為柔軟度具下降的傾向，不妨善用此處所介紹的伸展運動吧！以力求柔軟度能儘速恢復！

大腿前側•臀部 　伸展運動 **1**

採立姿伸展大腿前側

單手靠牆，以對側手握住單腳，並握於後方。腳後跟則貼近臀部，然後將膝蓋往後拉。

Hold Time
左右各
15 秒

注意切莫讓腰部向後彎。

大腿前側・臀部

伸展運動 2

**採坐姿並伸直雙腳，
再伸展大腿前側**

坐下，雙腳伸直，單腳彎曲，
上身則緩緩往後仰。

Hold Time
左右各
15秒

大腿前側會有所舒展。

背肌挺直，並讓腰部
以上部位前傾。

以肚臍往前凸出的
姿勢前傾。

大腿前側・臀部

伸展運動 3

伸展大腿內側

握住腳，上半身前傾。
切莫彎腰，以挺直的姿勢進行伸展。

Hold Time
15秒

大腿前側・臀部

伸展運動 4

伸展腹股溝

雙腳前後大幅張開，上半身前傾。
雙手著地，並讓腰部往前移動。

Hold Time
左右各
15秒

後腳的腹股溝能
有所伸展。

各部位肌肉訓練　下半身

大腿後側‧臀部

跑步此類時刻，甚為重要的是大腿背面部位，
與股四頭肌之間能否取得平衡。股四頭肌請參閱78頁。

外型
Style

若鍛鍊臀部或大腿後側的肌肉，對於改善下半身的側身曲線相當有效。

運動
Sports

大腿後側與臀部是跑步動作中動員運作甚為頻繁的肌肉。

生活
Life

大腿後側與臀部是日常生活中難以鍛鍊的肌肉，因此亦是讓人在意且希望能鍛鍊的部位。

POINT

保持軀幹挺直

由於「後舉（kick Back）」或「舉臀」無須使用任何器材，因此可謂是在家中也能輕鬆自如進行之項目。而進行動作時，不妨留意，請讓背部至腰部的姿勢保持挺直吧！腰部一旦彎曲或是過於後彎，膕旁肌可能就無法充分動員運作。

臀大肌

膕旁肌

臀大肌

臀大肌即為伸展髖關節此動作所使用的肌肉，而伸展髖關節即指腳部後舉。此外，臀大肌與股四頭肌相輔相成地運作，即可進行站立動作、跳躍動作。

膕旁肌

膕旁肌乃是與大腿後側相關且具代表性的肌肉，並為屈膝、大腿後舉這些動作所使用。希望各位先考量膕旁肌與股四頭肌之間的肌力比例，再進行鍛鍊。

難度 ★ ★ ★ | 負荷 ⬆ 手部與腳部均繫上彈力繩

腿部後舉

雙手與雙膝著地，並將單膝貼近胸部，再往後踢。

左右各
10次 ×
1～3組

利於此部位！
藉由屈膝並伸展膝蓋的訓練，即可同時鍛鍊臀大肌及膕旁肌。

臀大肌

膕旁肌

後

膝蓋伸直。

整個背部挺直。

■【提升運動效能之課程】**A8**

難度 ★ ★ ★ | 負荷 無須調整

單腳站立腿部後舉

單腳站立，雙手往前伸直，同時將腳往後踢。此訓練對於改善平衡感極為有效。

左右各
10次 ×
1～3組

Part **2**

各部位肌肉訓練 ▼▼（下半身）大腿前側・臀部

單腳舉臀

仰臥，單膝立起，並將臀部與腳向上舉起。

左右各
10次 ×
1～3組

利於此部位！

舉臀此訓練項目對
於臀部曲線的改
善，相當值得期
待。將臀部緩緩向
上舉。

臀大肌

膕旁肌

後

肩膀至腳踝呈一直線。

難度 ★ ★ ★ ｜負荷 ⬆進行時伸直單腳

雙腳舉臀

仰臥，雙膝立起，並將臀部向上舉起。

10次 × 1～3組

肩膀至膝蓋呈一直線。

DVD【進階課程】下半身‧軀幹 6　📖【提升運動效能之課程】B8

難度 ★ ★ ★ ｜負荷 ⬆擴大關節可動範圍

踏台舉臀

仰臥，單腳腳後跟置於踏台上，
並將臀部與腳向上舉起。

左右各 10次 × 1～3組

肩膀至腳踝呈一直線。

各部位肌肉訓練 **下半身**

大腿後側‧臀部

伸展運動

大腿後側與臀部乃是運動或步行時
擔任支撐骨盆等任務的肌肉。請以
伸展運動維持其柔軟度。

身體照顧

- 感受大腿後側肌肉或臀部肌肉
  觸感絕佳的張力，同時進行伸
  展吧！

大腿後側‧臀部 伸展運動 1

採坐姿伸展大腿後側

坐下並將腳伸直，單腳向內彎曲，
並朝著已伸直的腳，讓身體前屈。

Hold Time
左右各
15秒

腳尖朝向正上方。

膝蓋盡量
別彎曲。

感受大腿後側的張力，
同時進行伸展。

大腿後側‧臀部 伸展運動 2

採仰臥姿勢伸展大腿後側

仰臥，將單腳往上舉，雙手扶住膝蓋，
以保持膝蓋與小腿的穩定度。

Hold Time
左右各
15秒

膝蓋盡量別彎曲。

大腿前後

**怡然自得地沉浸於
伸展運動的樂趣中**

在此為您介紹的伸展運動乃是可
坐臥於地板上或坐在椅子且採放
鬆姿勢來進行的伸展運動。在日
常生活中，因行走以致步履疲憊
或腳部無力時，建議您亦可進行
上述伸展運動。也同時進行大腿
前側伸展運動（82頁），以促進腳
部血液循環！

大腿後側・臀部
伸展運動 3

伸展臀部
仰臥，抱住單膝，並將單膝貼近胸部。

Hold Time
左右各
15 秒

頭部至腳部呈
一直線以進行伸展。

腰部呈著地狀態。

大腿後側・臀部

伸展運動 4

伸展臀部側邊
坐在椅子上，翹腳，並將上半身前屈。

Hold Time
左右各
15 秒

膝蓋至腳尖盡量
呈水平方向。

各部位肌肉訓練 下半身

小腿

步行時亦或是跑步時，小腿肌肉皆屬重要部位。考量小腿與大腿的比例，並加以鍛鍊，如此即可有效改善腳部曲線。

外型
肌力訓練對於雕塑出勻稱的小腿曲線以及緊實纖細的腳踝頗具效果。
Style

運動
在跑步動作或跳躍動作方面，小腿與大腿相同，皆屬重要部位。
Sports

生活
藉由小腿訓練，即可促進血液循環、預防浮腫，效果相當值得期待。
Life

POINT

進行訓練時膝蓋別彎曲

因日常的步行動作、上下樓梯的動作等因素，易使小腿承受負擔，因此小腿可謂是受過適度鍛鍊的部位。請各位先試著以雙腳進行「提踵運動」，若感覺負擔較輕，則可嘗試看看以單腳進行提踵運動的方法。而進行動作時，膝蓋一旦彎曲，即無法完全使用腓腸肌（Gastrocnemius），如此便無法充分運動，因此以膝蓋伸直的狀態進行提踵運動即為重點。

而在初期階段，若以單腳進行提踵運動以致平衡感失衡時，以雙腳進行也無妨。

腓腸肌

腓腸肌

「採立姿並呈膝蓋伸直的狀態，且踮起腳後跟」，腓腸肌即為特別用於此動作的肌肉。若腓腸肌發達，即可呈現出彷若倒心形般的外型。

一旦屈膝並踮起腳後跟，位於腓腸肌下方的「比目魚肌」便會益加頻繁地動員運作，且更甚於腓腸肌。在調整小腿外型方面，膝蓋伸直再進行訓練的方法能輕易體驗出小腿外型之變化。而在「提踵運動」方面，踮起腳後跟時，若重心施加在小趾上，即更易於鍛鍊小腿外側部位；若重心施加在拇趾上則更易於鍛鍊小腿內側部位。不妨以「讓小腿肌肉的發達比例完美勻稱」為目標吧！

難度 ★★★ ｜負荷 ⬆單手握住啞鈴 ⬇雙腳站立

單腳提踵

雙手靠牆，單腳站立，踮起腳後跟再放下。

左右各
10次×
1～3組

利於此部位！

藉由踮起並放下腳後跟的動作，讓負荷施加在小腿上，此為具代表性的訓練項目。

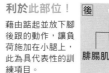

腓腸肌

切勿讓膝蓋彎曲。

難度 ★★★ ｜負荷 ⬆單腳站立

雙腳提踵

雙手靠牆或緊貼平台，踮起雙腳腳後跟再放下。

10次×
1～3組

Part **2**

各部位肌肉訓練 ▼▼（下半身）小腿

各部位肌肉訓練 下半身

小腿 伸展運動

為預防運動傷害或疼痛劇烈的「小腿抽筋」，不妨儘早仔細地伸展腓腸肌吧！

身體照顧

- 過於激烈的運動亦具導致跟健損傷的危險性，因此運動前請一定要做小腿伸展運動。
- 容易絆到腳時，有時是因小腿疲憊所致，可藉由伸展運動力求小腿恢復元氣！

預防

避免小腿抽筋
因應之道

所謂的「小腿抽筋（Leg Cramps）」乃是小腿肌肉強烈收縮的症狀。雖然在該病狀形成之前，進行伸展運動甚為重要，但是倘若已引起小腿抽筋，將腳尖往身體方向拉的處置方法能夠立即止痛，相當有效。

小腿 伸展運動 1

伸展腓腸肌

雙手靠牆，雙腳前後張開，並伸展後腳的小腿部位。

Hold Time
左右各
15 秒

腳與牆壁的標準距離約為手肘彎曲處與牆壁之間的距離。

伸展膝蓋。

小腿
伸展運動 2

採坐姿伸展比目魚肌

單膝立起,並坐下,
再將上半身重心施加在大腿上。

Hold Time
左右各
15 秒

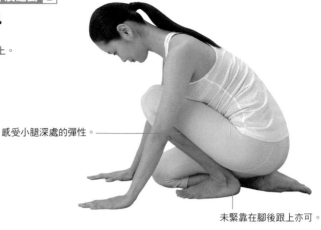

感受小腿深處的彈性。———

未緊靠在腳後跟上亦可。

小腿
伸展運動 3

採立姿伸展比目魚肌

雙手靠牆,雙腳前後張開,
並將後腳的膝蓋予以彎曲,再伸展小腿。

Hold Time
左右各
15 秒

屈膝。

各部位肌肉訓練 軀幹

前腹部・側腹

平坦的小腹、玲瓏有致的明顯腰身皆為男女夢寐以求的身型。
亦是致使您展開訓練的契機。

外型
Style
若鍛鍊腹肌，腹內壓就會升高，對於修正下腹突出的姿勢甚具成效。

運動
Sports
前腹部及側腹對於「支撐所有運動動作的姿勢」均有所參與。若軀幹穩定，即能發揮強大力量。

生活
Life
前腹部與側腹影響立姿或坐姿的正確性，對於預防腰痛亦頗有成效。

POINT
先進行伸展運動

在此所介紹的動作項目分別是身體前傾、前傾與扭轉同時並行、扭轉。而前腹部特別鍛鍊法的重點乃在於肚臍與上腹部須相互貼近，整個背部則須彎曲。倘若平日運動不足，背部至腰部的肌肉即易於變硬，因此要將整個背部確實地彎曲並不容易。身處這般情況之際，若先仔細地進行背部至腰部的伸展運動（112頁），然後再投入訓練中，如此動作就能夠更輕鬆自如。

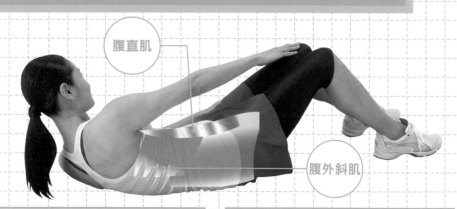

腹直肌

腹外斜肌

腹直肌
正對上腹部至肚臍正下方的肌肉即為腹直肌，而看似宛若刀割般的腹肌溝痕部位則稱為腱劃。

腹外斜肌
扭轉上半身、身軀側傾時所使用的肌肉即為腹外斜肌。身軀側傾請參閱102頁。如高爾夫球、網球此類須扭轉上半身動作的運動，即是強化的重點。

DVD【入門課程】3

難度 ★★★ ｜負荷 ↑手持啞鈴並抱於胸前 ↓手觸碰大腿後側

仰臥起坐

仰臥，雙膝立起，並將雙手滑動至膝蓋上。

10次×
1～3組

利於此部位！

前

若鍛鍊軀幹，肌肉就能達到彷如束腹般的緊實功效，對於改善姿勢甚具成效。

腹直肌

彎曲整個背部。　　　　　　　　　腰部呈著地狀態。

DVD【進階課程】下半身・軀幹7 ■【提升運動效能之課程】B9

難度 ★★★ ｜負荷 無須調整

腳尖觸碰

仰臥，雙腳向上舉起，並以雙手觸碰腳尖。

10次×
1～3組

Part **2**

各部位肌肉訓練 ▼▼（軀幹）前腹部・側腹

95

難度 ★ ★ ★ ｜ 負荷 無須調整

轉體仰臥起坐

仰臥，雙膝立起，
並將單手滑動至對側腳的膝蓋上。

利於此部位！
觸碰對側腳的膝
蓋，如此即可同時
強化前腹部肌肉及
側腹肌肉。

前
腹外斜肌
腹直肌

左右交替
各5次×
1～3組

↓

觸碰對側腳的膝蓋。

難度 ★ ★ ★ | 負荷 ⬆ 以手肘觸碰大腿 ⬇ 以手觸碰大腿

轉體腳尖觸碰

仰臥，單手與對側腳向上舉起，
並讓上腹部與對側腳相互觸碰。

左右交替
各**10**次 ×
1～3組

—— 對側手臂呈著地狀態。

難度 ★ ★ ★ ｜負荷 ⬆⬇調整彈力繩的長度

雙腳站立
軀幹扭轉

採立姿，將彈力繩予以固定住，與肩同高，
用雙手握住彈力繩的前端，再扭轉上半身。

左右各
10次 ×
1～3組

利於此部位！
此訓練項目能強化
扭轉軀幹的動作，
為保持上半身的軸
線呈挺直狀態，此
為必要訓練項目。

腹外斜肌

前

肩膀朝前。

切莫扭轉腰部。

難度 ★ ★ ★ ｜ 負荷 ⬆使用彈力繩

單腳站立
軀幹扭轉

單腳站立，雙手手掌合十並朝前，
再扭轉上半身。

左右各
10次×
1～3組

不僅要扭轉手臂，
肩膀亦要扭轉。

切勿扭轉腰部。

各部位肌肉訓練 **軀幹**

前腹部●側腹

伸展運動

腹直肌附著於骨盆的一端，
且與腰部的狀態存有直接關係。
只要此部位強健且深具彈性，即可
與腰痛絕緣。

身體照顧

- 藉由各部位肌肉訓練將軀幹肌肉鍛鍊好之後，請各位先以伸展運動仔細確實地伸展軀幹。而在身體後仰的動作方面，須注意切莫勉強。若腰部過於後彎，恐有導致腰部受傷的危險之虞。

駝背

善用伸展運動以舒緩伏案工作所造成的軀幹疲憊感

當伏案工作耗時漫長之際，易導致駝背傾向，而彎曲腹部或彎腰，亦容易造成大腿緊繃。各位不妨謹慎仔細地進行「能讓腹直肌、股四頭肌加以伸展的伸展運動」，以維護腰部周圍肌肉的健康吧！股四頭肌請參閱82頁！

前腹部

伸展運動 **1**

採俯臥姿勢進行伸展

俯臥，雙手著地，緩緩地挺起上半身，並伸展腹部。

Hold Time
15秒

頭部切勿往後仰。

感受腹肌的彈性，
別過於勉強。

側腹

伸展運動 2

採仰臥姿勢進行伸展

仰臥,彎曲單膝,並用手支撐單膝,
再扭轉整個腰部。

Hold Time
左右各
15秒

以對側手讓身體
有所穩固。

感受側腹被伸展的感覺。

切莫讓背部懸
空於地板上。

側腹

伸展運動 3

手臂觸碰
膝蓋。

採坐姿進行伸展

單腳觸碰對側腳外側部位,並扭轉上半身。

Hold Time
左右各
15秒

各部位肌肉訓練 | 軀幹

體側～
側腹

在日常生活中，難以意識到體側至側腹的肌肉具「彎曲軀幹或扭轉軀幹的作用」，而在運動方面體側至側腹的肌肉亦屬重要。

外型
鍛鍊體側至側腹的肌肉，如此就能讓腋下至腰部的曲線緊緻窈窕。

運動
提升彎曲軀幹或扭轉軀幹的肌力，效能即可大幅提升。

生活
為維持正確姿勢，希望各位亦先將軀幹肌肉的比例鍛鍊得適切得宜。

POINT

以肚臍為中心點

　　如「側彎」，此類能鍛鍊體側至側腹肌肉的動作，其重點在於須以肚臍附近為中心點，想像曲線軌道的圓弧形狀，將上半身向側彎。若腰部位置向左右移動，就會動到髖關節周圍肌肉，且運作的程度更甚於軀幹肌肉。握住啞鈴的手臂須呈放鬆狀態。在「側向平板支撐」方面，腰部上挺時，請將肩膀至腰部呈一直線，身體的長軸則呈挺直狀態。請加以感受此狀態，且以此狀態進行側向平板支撐。

讓身體進行側彎動作，或「讓身側面承受負荷，並維持此姿勢」，藉由這些訓練即可更進一步地鍛鍊腹外斜肌（94頁）。而腹內斜肌則位於比腹外斜肌更深層的部位，也可採用相同方式鍛鍊腹內斜肌等肌肉。

難度 ★★★ ｜負荷 ↑↓調整啞鈴的重量

啞鈴側彎

單手握住啞鈴，並將上半身彎至對側。

左右各
10次×
1～3組

利於此部位！

鍛鍊體側至側腹肌肉的代表性的訓練項目即為側彎，注意別施加過大的負荷。

腹外斜肌

前

彎曲背部。

側彎時以肚臍為中心。

腰部勿往
左右移動。

【提升運動效能之課程】A10

難度 ★★★ ｜負荷 ↑↓調整啞鈴的重量

單腳站立
啞鈴側彎

單手握住啞鈴，並將上半身彎至對側。

左右各
10次×
1～3組

※變化動作：握住
啞鈴之手與同側
腳可同手同腳向
上舉起。

難度 ★★★ ｜負荷 ↑↓調整彈力繩的長度

彈力繩
側彎

左右各
10次×
1～3組

用腳將彈力繩予以固定住，單手握住彈力繩，
並將上半身彎至對側。

103

難度 ★ ★ ★ ｜負荷 ⬆ 增長持續時間，並將啞鈴此類重物握於腰部上

側向平板支撐

呈側臥姿勢於地板上，前臂著地，臀部上舉，
上半身至下半身則呈一直線。
「靜止5秒，然後將腰部下放至地板上，休息1秒」，
反覆進行此動作。

利於此部位！

此訓練項目是利用
體重，並針對難以
鍛鍊的「體側至側
腹此部位」予以刺
激。初次鍛鍊時切
勿過於勉強。

腹外斜肌

前

靜止5秒＋
休息1秒
左右各
5次×
1～2組

目視前方。

雙腳併攏。

放鬆頸部、肩膀。

腰部切莫過於上挺。

緊縮側腹。

難度 ★★★ 負荷 減輕「側向平板支撐」負荷的施行法

屈膝側向平板支撐

呈側臥姿勢於地板上，前臂著地，雙膝彎曲，
並將臀部向上舉起，上半身與下半身則呈一直線。
靜止5秒，然後將腰部下放至地板上，休息1秒，反覆進行此動作。

靜止5秒 +
休息1秒
左右各
5次 ×
1～2組

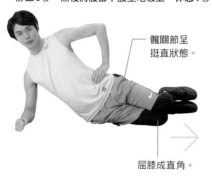

髖關節呈
挺直狀態。

屈膝成直角。

將此部位
呈直線。

髖關節切莫彎曲。

DVD【進階課程】下半身‧軀幹 8

難度 ★★★ 負荷 增強「側向平板支撐」負荷的施行法

提腿側向平板支撐

呈側臥姿勢於地板上，前臂著地，腰部上挺，並舉起單腳。
「靜止5秒，然後將腰部下放至地板上，休息2秒」，反覆進行此動作。

靜止5秒 +
休息2秒
左右各
5次 ×
1～2組

感受並意識臀部
側邊肌肉。

勿將腳部
舉得過高。

持續緊縮側腹。

各部位肌肉訓練 軀幹

體側〜側腹

伸展運動

進行軀幹伸展須仔細地伸展軀幹前側、側邊、後側。鍛鍊出勻稱比例再加以舒展，即可維持最佳狀態。

身體照顧
Care
• 藉由伸展運動能迅速地讓承受負荷的腹外斜肌為之緊繃（收縮）現象有所緩和，如此即可提升效能。

體側〜側腹 伸展運動 1

伸展雙手

舉起雙手，並以單手握住對側手腕，再以畫弧線的方式拉手。

Hold Time
左右各
15秒

感受並意識側腹舒展的情形。

往斜側方側傾。

軀幹
雖然不是引人注目之處，但側彎肌力相當重要

軀幹除了能前屈、後彎，亦能屈側、扭轉，以因應五花八門的各類運動或日常生活中舉手投足的動作。軀幹的各種肌肉相輔相成地運作，能讓四肢進行正確的動作，並能發揮強而有力的強大力量。

體側～側腹　伸展運動 2

上半身側傾

雙手交握於頭部後方，
上半身則緩緩向側傾。

Hold Time
左右各
15秒

以肚臍為中心，
並將上半身向側傾。

往斜側方側傾。
切勿讓上半身前屈或後彎。

各部位肌肉訓練 　軀幹

背部～
腰部

豎脊肌延著「闊背肌」或「斜方肌」下方並延伸至脊椎，對於維持姿勢實屬重要至極的肌肉。闊背肌請參閱60頁，斜方肌請參閱66頁。

Style
外型
豎脊肌乃是「讓脊骨挺直的肌肉」。之所以能維持正確姿勢，首要功勞皆歸功於此肌肉。

Sports
運動
豎脊肌對於「維持大部份的運動姿勢」均有所參與。

Life
生活
因背肌迅速敏捷地伸展，才能完成站立、步行、端坐這些動作，希望各位能防範背肌衰退。

POINT

善用鏡子以檢測姿勢

　　進行豎脊肌訓練時，首要重點即為切莫施加力氣，腰部切勿過於後彎。若腰部過於後彎，即有導致腰部受傷的危險性。而「展臂＆提腿」能維持穩定姿勢，進行時須維持手部至腳踝呈一直線的姿勢，此動作意外地相當困難，即使期望動作正確，但還是無法做到完善的人非常多。各位在家進行訓練時，最好藉由鏡子來檢視自己的姿勢！

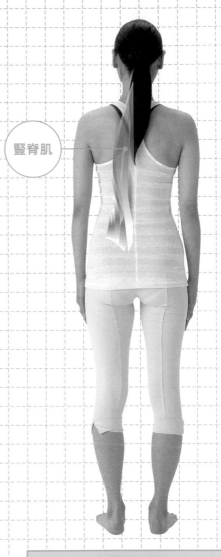

豎脊肌

豎脊肌

豎脊肌乃是對能「支撐脊骨（脊柱）、維持正確姿勢」的肌肉之總稱，而彎曲脊骨或自前屈姿勢挺起上半身的動作，亦會使用豎脊肌。

為在日常生活中維持穩定姿勢，因此豎脊肌會宛若無名英雄般在背地裡竭盡所能地運作。然而，若因長時間站立工作等因素，以致豎脊肌持續呈緊繃狀態，如此必會導致此肌肉易僵硬。當您感到腰部緊繃時，不僅可施行按摩，也可藉由肌肉訓練讓豎脊肌積極運作，如此亦會深具成效。

難度 ★★★ 負荷 無須施加啞鈴此類負荷

背橋

俯臥，手腳緩緩向上舉起，
並將整個背部拱起，使成弓形。

10次 ×
1〜3組

利於此部位！

此訓練項目能精確
地鍛鍊豎脊肌，由
於動作頗為簡單，
因此採取正確姿勢
以進行訓練甚為重
要。

豎脊肌

後

放鬆背部肌肉。

↓

放鬆臀部肌肉、腳部肌肉。

整個背部呈弓形。

難度 ★★★ | 負荷 減輕「伏地展臂提腿」的負荷之施行法

展臂&提腿

雙手雙膝著地,並同時將手臂與對側腳平舉。
靜止5秒後,手部與膝蓋著地,
休息1秒,反覆進行上述動作。

靜止5秒 +
休息1秒
左右各
5次 ×
1～3組

利於此部位!
此訓練項目能同時
將手臂與對側腳予
以平舉,如此可增
強負荷或提高難
度,即可更確實地
進行鍛鍊!

豎脊肌

後

指尖至腳踝呈一直線。

注意腰部切莫彎曲。

難度 ★★★｜負荷 增強「展臂&提腿」的負荷之施行法

伏地
展臂提腿

採取伏地挺身的姿勢，並將手臂與對側腳平舉。
靜止5秒，然後將手部與腳尖著地，休息 2 秒，反覆進行上述動作。

靜止5秒 +
休息2秒
左右各
3次 ×
1～3組

肩膀至腳踝呈一直線。

臀部切莫抬高。

部位別肌肉訓練　軀幹

背部～腰部

伸展運動

為隨時維持姿勢，因此背部肌肉易積存疲累。而將背部彎曲成圓弧狀對放鬆相當有效。

身體照顧
Care

- 呈立姿、久坐或半蹲等姿勢而備感腰部緊繃時，可善用背部至腰部的肌肉伸展運動，以儘速舒緩僵硬感，使之鬆弛！

彎曲

彎曲背部、腰部並進行伸展以防腰痛

在站立工作者當中，尤其是女性有許多人有腰椎過度前凸的傾向。由於不合宜且過於勉強的姿勢容易疲頓勞累，且易引起腰痛，因此不妨善用此處所介紹的彎曲背部、腰部之伸展運動，以讓承受負擔的肌肉為之伸展吧！同時亦可習得正確的站立方法。

背部～腰部

伸展運動 1

採坐姿進行伸展

將左右腳的腳掌併攏貼合，屈膝，並彎曲整個背部。

Hold Time
15 秒

深深地吐氣。

彎曲整個背部，並讓腹部往內縮。

切莫將腳後跟過於拉近身體。

背部～腰部 伸展運動 2

坐在椅子上進行伸展

坐在椅子的前端，雙手由內握住雙腳，
並彎曲背部。

Hold Time
15秒

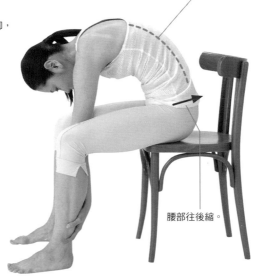

彎曲整個背部。

腰部往後縮。

背部～腰部 伸展運動 3

扭腰伸展

坐在椅子的前端，並扭轉上半身，
同時將手部貼近對側腳。

Hold Time
左右各
15秒

Column

持之以恆持續訓練的秘訣 之②

「在自己身上，真得能看見訓練成效嗎？」，若是抱持著此種半信半疑的心態，那麼持續訓練就會變成一件苦差事。倘若你能依據訓練的難易度，先將所期盼的成效予以具象化，如此持之以恆的訓練就會變得容易許多。此外，若效果已達頂點，此時只要調整課程，就能解決問題。

> 「因為是初學者且不常運動」

在最初的兩個月即可讓您感受肌力的大幅增強

倘若您是初學者，與其讓您親身體驗富戲劇性且引人注目的肌肉訓練成效，不如讓您掌握大好良機。大約在訓練初期的兩個月時間內，腦部、神經系統的作用會迅速且急遽地改善，如此定能讓您感受到肌力的大幅提升。這件事情會讓您期望「訓練成效能益加顯著且更為提升」，以及「訓練成效不會每況愈下」。

> 「全力以赴地訓練成效卻難以彰顯」

不妨試著減輕訓練內容或減少頻率吧！

訓練過度有可能會讓疲憊積存於肌肉上，可將1週3次的訓練減為2次，並將負荷由2次降至1次等，以力求肌肉有所恢復。長時間持續進行相同訓練課程，有時成效難以提升。各位不妨試著構思對策，如變更項目、調整負荷或次數等對策。先將固定時距方式、肌肉訓練予以停止，並沉浸於其他運動的樂趣中，如此亦能防止僵化形成。若長期持續如此"達至能力所及的極限程度"的時刻必然來臨。與其苦思該如何突破難關，我反而希望各位能抱著彷若享樂般的輕鬆心態來進行訓練。

動作訓練

Function of Body

各項目中所標示的次數、秒數、組數，
施行時，均以一般標準為準。本書DVD
所收錄的課程之設定未必一致，施行
時，請依據訓練的純熟度、目的或體力
等加以調整。

善用動作訓練讓動作效能大躍進！

「動作訓練」的訓練項目，包括提升動作效能與力量這兩方面。
能知曉目標與效果，即可讓訓練效率更加優異。

改善肌肉運作的模式

　　Part 3「動作訓練」是「骨骼肌訓練」的另一個章節標題，在此為您介紹「動作訓練」的項目。動作訓練的最大目的在於提升特定動作的效能，而其目標則為讓日常生活或運動中所進行的「步行」、「跑步」、「跳躍」、「投擲」諸如此類的各種動作，能以絕佳效率加以進行，讓動作更迅速敏捷、更強而有力。

　　「各部位肌肉訓練」，是針對希望鍛鍊的部位局部施加負荷，並進行訓練；而「動作訓練」的項目，則是針對希冀改善的動作與其相關動作訓練所構成，而參與動作的各肌肉須以正確的順序或力量加以運作，「讓這方面的能力有所提升」即可讓動作效能優異卓絕。

　　掌控肌肉的運作模式者為腦部，將腦部下達的指令予以傳送者則為神經，動作訓練可謂是力求改善上述這些部位與作用之訓練。

步行

前跨弓步蹲
▶ P.125

投擲

仰臥過頭拉舉
▶ **P.151**

立姿過頭拉舉
▶ **P.151**

過頭拉舉 &
仰臥起坐
▶ **P.152**

弓步行進
▶ **P.125**

轉體弓步
▶ **P.126**

轉體弓步行進
▶ **P.127**

動作訓練**的要訣**

「動作訓練」的重點乃著重於「動作的自然度」。
在不過度勉強的合宜範圍內，即使採取急速動作亦無妨，
但建議初學者切莫貿然提升速度！

施行充滿活力的動作訓練前，請先展開熱身運動

　　由於各部位肌肉訓練與動作訓練的目的各異，因此其動作速度相差很大。

　　各部位肌肉訓練之際，以徐緩穩定的速度進行且切莫加速，即為原則。反之，在動作訓練方面，在不過度勉強的合宜範圍內，即使採取迅速並隨之加速的動作也無妨。為了不使特定部位過於用力，動作開始時，先讓身體舒展放

鬆，並儘可能讓動作自然。然而，若是初學者，動作速度一旦過於加快，有時特定部位即會承受過度的負擔，因此懇請注意。

● 進行熱身運動

　　各項目展開之前，先試著略微進行與該動作相近的動作5～10次左右，以進行熱身運動。而在使用啞鈴或彈力繩的項目方面，須在訓練前，先以未承受任何負荷的狀態進行相同動作5～10次左右。倘若未從事熱身運動，即貿然進行迅速動作，則有導致肌肉受傷的危險性，故請加以注意。

● 進行時切莫憋氣

　　就呼吸而言，在各部位肌肉訓練方面，基本原則在於上舉負荷時須吐氣，下放負荷時則須吸氣。雖然動作訓練亦能採用相同方式，但須留意盡量莫憋氣，自然地呼吸即可。若是具經驗者，於發揮強而有力的強大力量之瞬間，有時亦會採用憋氣法。

● **穿上鞋子備感安心**

　操作啞鈴此類項目的時候，有手滑以致
啞鈴掉落在腳上的危險。我想，在家中是
光腳進行訓練的應該不少，但是使用啞鈴
之際，奉勸各位請穿鞋。（上述事項亦與
各部位肌肉訓練相同）。

　在進行動作訓練的時候，請特意將鞋帶
繫緊，以使腳部不會在鞋內移動。尤其是
「跳躍或登階」此類動作，進行這些動作
時，鞋帶一旦鬆開，腳底就會趨於不穩
定，平衡感即會失衡，如此則有使腳部扭
傷或跌倒的危險性，因此懇請注意。

　此外，由於動作訓練中積極活動的動作
很多，因此請各位於無牆壁或無障礙物的
地方施行動作訓練。

動作訓練

站立・端坐

立姿是所有動作中的基本動作，骨盆周圍肌肉一旦漸趨衰弱，骨盆就會前傾，並導致「腰椎過度前凸（Excessive Lumbar Lordosis）」等現象，如此維持正確姿勢即會益趨困難。此外，須留意切莫因生活中長時間久坐之因素，以致養成姿勢不良的習慣。

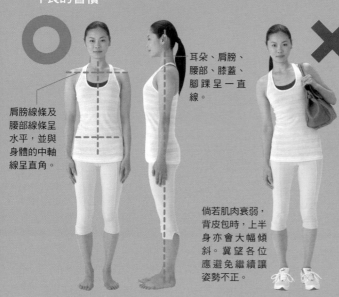

肩膀線條及腰部線條呈水平，並與身體的中軸線呈直角。

耳朵、肩膀、腰部、膝蓋、腳踝呈一直線。

倘若肌肉衰弱，背皮包時，上半身亦會大幅傾斜。冀望各位應避免繼續讓姿勢不正。

為了讓習慣骨盆位置的腦部規劃正確方案，因此不妨施行能讓骨盆前後移動或能矯正骨盆左右傾斜的運動吧！企盼各位亦要仔細確實地鍛鍊腹部周圍肌肉。

最優質的狀態為骨盆略微前傾、上半身則呈挺直的狀態。

骨盆後傾，背部彎曲，肩膀與臉部則前傾。

一旦以駝背狀態持續久坐，就會導致頸部或肩膀血液循環不良，如此易引起痠痛或疼痛現象。因此不妨抱持「彷若用線拉緊頭部上方」此等感覺，以養成挺直背肌的習慣吧！

難度 ★★★ ｜負荷 無須調整

骨盆運動

雙臂交握於胸前，並維持此姿勢。時而將骨盆前後移動，時而將重心移至單側臀部上。

動作提升大躍進！
讓骨盆前後左右移動，以使骨盆回復正確位置，如此就能輕鬆愜意、舒服自在地時坐時站。

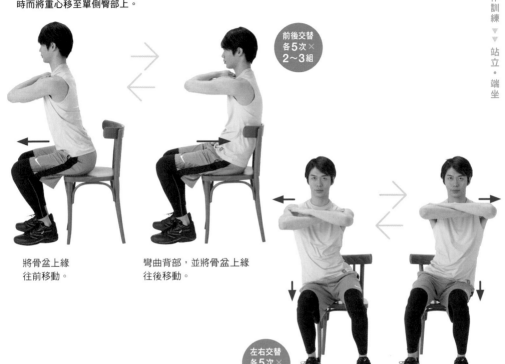

前後交替
各**5**次×
2～3組

將骨盆上緣往前移動。

彎曲背部，並將骨盆上緣往後移動。

左右交替
各**5**次×
2～3組

讓上半身左右滑動，並將重心移至單側臀部上。

VARIATION

難度 ★★★ ｜負荷 ↓坐在椅子上進行

立姿骨盆運動

採立姿，將雙手置於骨盆上方，並讓骨盆上緣前後移動。

前後交替
各**5**次×
2～3組

上半身儘可能保持挺直的狀態。

運用腹肌，將腰部上緣向後傾。

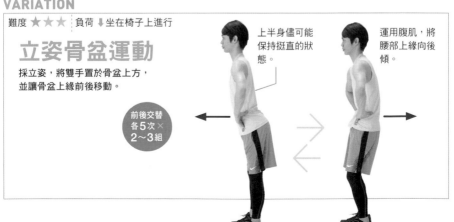

121

難度 ★★★ 負荷 ⬇雙腳著地進行

臀部平衡運動

坐在椅子上，雙臂向左右兩側伸直，雙腳則自地板上向上舉起，
重心施加在單側臀部上，並保持平衡。

左右交替
各5次×
2～3組

動作提升大躍進！
藉由動作的進行能鍛鍊骨盆周圍肌肉，並能矯
正骨盆左右傾斜現象。

雙臂呈水平方向，
並讓上半身往側邊
滑動。

雙腳離地。

頭部與頸部呈挺直
狀態。

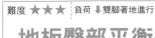

VARIATION **1**   DVD【動作訓練】5

難度 ★★★ | 負荷 ↓雙腳著地進行

地板臀部平衡運動

臀部平衡運動也可在地毯或地板上進行。
而且負荷已增強,難度則提升。

左右交替
各**5**次×
2～3組

雙膝彎曲,雙腳離地。

VARIATION **2**

難度 ★★★ | 負荷 ↑動作速度加快

雙腳著地臀部平衡運動

以雙腳著地的狀態進行臀部平衡運動,由於
負荷輕,因此亦可從此項目開始進行臀部平
衡運動。

左右交替
各**5**次×
2～3組

單側臀部離地。

雙腳著地。

動作訓練

步行

年輕人步行時，予人精神抖擻、氣宇軒昂的印象，而年長者步行時則予人步履蹣跚、無精打采等印象。鍛鍊軀幹肌肉，並保持髖關節的柔軟度，且將正確步行要領輸入腦中，如此即可一掃步履蹣跚、無精打采之印象。步行並不是一件特別艱難的事情。

為了不使上半身晃動，因此須將腰部保持在一定高度。並運用髖關節將腳部向前邁出，再施加重量。

不太運用髖關節且步伐小，腳後跟的著地點則位於臀部下方，故步行方式予人老態龍鍾之印象。

正確的步行要點乃在於須大幅度地運用髖關節，腳則呈挺直狀態並向前邁出，著地時施加重量，並往後踢，再向前行進。若將腰部高度保持在一定高度，上半身就不會晃動，如此步行即不再疲憊勞頓。

難度 ★★★ 負荷 ↑↓ 調整啞鈴的重量

前跨弓步蹲

雙手握住啞鈴，單腳向前闊步邁出，回復原位，
反覆進行上述動作。

動作提升大躍進！

前跨弓步蹲能讓各位將「闊步邁出，並大幅度
地運用髖關節」此動作輸入腦中。

左右交替
各**5**次×
2～3組

背肌挺直。

使骨盆前傾，
但切莫彎曲。

敏捷迅速地進行前進後退的動
作即為重點。

難度 ★★★ 負荷 ↑ 手持啞鈴進行

弓步行進

雙手插腰，單腳闊步向前邁出，
左右交替反覆進行淺蹲的動作，同時向前行進。

動作提升大躍進！

藉由闊步行進的運動，能讓髖關節的動作更順
暢無礙，同時亦能強化腰部周圍肌肉。

10步×
2～3組

向前行進。

125

難度 ★ ★ ★ | 負荷 ↑↓ 調整啞鈴的重量

轉體弓步

雙手握住啞鈴，手臂平舉於胸前。
「單腳闊步邁出，並半蹲，同時扭轉上半身，再回復原位」，左右交替反覆進行此動作。

動作提升大躍進！

闊步邁出，再扭轉上身，藉此即可更進一步地鍛鍊軀幹肌肉。

左右交替
各**5**次 ×
2～3組

呈手臂往前伸直的狀態。

將上半身
往前腳的方向
扭轉。

難度 ★★★ 　負荷 ⬆手持啞鈴進行

轉體
弓步行進

雙手合十於胸前，單腳闊步向前邁出，並半蹲，同時扭轉上半身，
左右交替反覆進行上述動作，並向前行進。

動作提升大躍進！

扭轉軀幹同時闊步前進的運動，對於步行動作
影響甚鉅，並能穩定上半身的軸線，效果值得
期待。

10步×
2～3組

面朝手臂方向，
並凝視手臂方向。

手臂呈向前
伸直的狀態。

漸趨向前行進。

將上半身往前腳方向扭
轉。

腳呈筆直狀態
向前邁出。

動作訓練

跑步

跑步方式的要點即為「運用髖關節，將單腳自然地向前邁出，著地後並施加重量，再往後踢，並向前跑」，從事慢跑此類運動之際亦是如此。若能迅速敏捷地舉起對側腳的膝蓋，上半身則維持「背肌挺直、姿勢略微前傾」的放鬆狀態，如此跑步時便不易疲憊，並能以絕佳的效率向前跑。

上半身挺直，著地點則落在身體正下方。而髖關節難以運作，且無法獲得推進力。

迅速敏捷地將後腳的膝蓋往前伸。

單腳邁出並落在身體前方，再將腰部移至單腳的上方，並將重心落在單腳正下方附近再往後踢，並向前跑。

為了不使跑步機能衰退，冀盼各位能以鍛鍊腰部周圍肌肉、腳部肌肉為優先。不妨以「讓左右腳相互結合且相輔相成地運作」為重點，並鍛鍊膝蓋迅速敏捷地進行上舉、蹬地的動作吧！

難度 ★★★　負荷 ⬆⬇調整手推牆壁的力度

靠牆前蹲

雙手靠牆，單腳站立，並採取前傾姿勢。
單腳往前舉，同時讓腰部向前移動，再伸展支撐腳。

動作提升大躍進！

重心施加在前腳，並高舉後腳的膝蓋，藉由此訓練，能將跑步的基本動作輸入腦中。

左右各
10次×
2～3組

讓上半身前傾。

屈膝。

須注意頭部至腳尖的軸線。

背部切莫彎曲。

腰部往前移動。

膝蓋抬高。

踏步&抬膝

單腳向前邁出，並抬高對側腳的膝蓋，反覆進行此動作。

動作提升大躍進！

「單腳向前邁出，並施加重量，再將對側腳的膝蓋抬高」此動作，請於無牆壁的地方進行。亦能強化軀幹肌肉、腳部肌肉。

左右各
10次×
2～3組

須注意頭部至腳尖的軸線。

盡量將膝蓋抬高。

拉緊手肘。

手臂位於跑步時的位置。

踮起腳後跟。

雙腳前後張開。

難度 ★★★ │ 負荷 ⬆ 手持啞鈴進行 ⬇ 調低踏台高度

登階踏箱&抬膝

單腳踩在踏台上，膝蓋伸直，身體則往上挺，
並將對側腳的膝蓋抬高，反覆進行上述動作。

動作提升大躍進！

運用踏台，如此就能增強負荷，並能擴大髖關節可動範圍。而重點在於須提升速度，並意識手臂的擺動或進行重心轉移。

左右各
10次 ×
2～3組

手臂擺動須確實到位。

膝蓋完全伸直。

踮起腳尖。

上半身前傾。

動作訓練

上下樓梯

因肌力減退，首先讓各位備覺麻煩之事，或許就是上下樓梯。先鍛鍊腿部與腰部，乃是理所當然之事，但若能以絕佳卓著的效率運用肌力來上下樓梯，如此身體負擔就會減輕，亦能獲得提臀之效，真是一舉兩得。

保持前傾姿勢，如此即可提高大腿與臀部這兩部位的運用效率。

上半身挺直並後仰，臀部肌肉未能充分動員運作，而前腳的大腿部位則承受負擔。

上下樓梯時，重點在於須採取略微前傾的姿勢。讓髖關節與膝蓋相互協調地運作，施加在肌肉或膝蓋上的負擔即會減輕。若讓上半身挺直並後仰，重心則會落在後方，如此重心轉移（Weight Shift）即難以順暢無礙地進行，而且大腿易承受負擔。

讓上半身略微前傾，單腳自然地向前邁出，膝蓋略微彎曲，猶如跪在坐墊上一般，並下樓梯。

若上半身挺直並後仰，會對膝蓋產生很大的衝擊，如此大腿等部位的肌肉亦會承受負擔。

難度 ★★★ 負荷 ⬆⬇調整啞鈴的重量

登階運動

雙手握住啞鈴，單腳踩在踏台上，並讓上半身前傾。
將「踩在踏台上的腳」之髖關節與膝蓋伸直，再站在踏台上，並回復原位，反覆進行上述動作。

動作提升大躍進！

可習得並熟諳上下樓梯時的姿勢、膝蓋與髖關節的運用方法或腳部移動方式，肌力亦會增強。

左右各
10次×
2~3組

運用支撐腳的肌力，站在踏台上。

手臂呈放鬆狀態。

上半身前傾。

膝蓋位於腳尖正上方。

【提升運動效能之課程】**B6**

難度 ★★★ 負荷 ⬆⬇調整重物的重量，如啞鈴等物

單腳下階

雙手握住寶特瓶，
並站在踏台上。
單腳踏下踏台，
著地後並靜止不動，
反覆進行上述動作。

動作提升大躍進！

單腳下階能有效提升著地時的衝擊吸收力。對於預防膝蓋受傷亦具成效。

左右各
10次×
2~3組

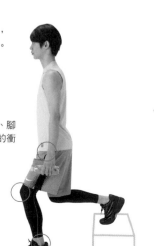

彎曲髖關節、膝蓋、腳踝，以減緩著地時的衝擊力。

重心落在支撐腳上。

動 作 訓 練

上舉

即使深知「舉物時,腰部要放低」此理論,但因感到很費事,因此舉物時,仍一如往常將膝蓋伸直,或許此刻肌力減退情形正益趨嚴重且每況愈下。如此蹲下、站立的動作可能會越來越棘手。因此請各位不妨再次確認以正確姿勢進行上舉動作的重要性吧!

○

✕

彎曲髖關節並屈膝,保持背部挺直,並以靠近身體重心的部位舉物,身體重心即指肚臍周圍。

若以離身體重心較遠的部位舉物,腰部就會承受負擔。

藉由槓桿原理,並以遠離身體般的距離進行上舉動作時,須具備強而有力的強大力量。此外,由於姿勢不穩定,亦恐有閃到腰的危險之虞。而維持立正時背部挺直的線條,並讓軀幹穩定,此時姿勢最為安全,因此不妨先將所採取的姿勢之位置決定好之後,再進行上舉動作吧!

難度 ★★★ 負荷 ⬆⬇調整啞鈴的重量

後蹬&拉舉

雙手握住啞鈴，並下放至膝蓋下方，雙腳則自地板上向後蹬起，並善用蹬腳的力量，將啞鈴舉至肩膀處。

動作提升大躍進！

穩定軀幹，並伸展膝蓋，同時將物品向上舉起，藉由此訓練，即可習得正確的上舉方法。

10次 × 2～3組

讓上半身前傾，並將背肌挺直。

彎曲髖關節、膝蓋、腳踝。

手肘抬高。

雙腳自地板上向後蹬起，並伸展髖關節、膝蓋、腳踝。

難度 ★★★ | 負荷 ⬆⬇ 調整啞鈴的重量

後蹬&上舉

10次×
2～3組

雙手握住啞鈴，並置於膝蓋下方，且呈此姿勢。
雙腳自地板上向後踮起，並將啞鈴自前方舉至頭部上方。

手肘伸直，並舉至胸前。

背部切勿彎曲。

膝蓋切莫過於向前伸。

動作提升大躍進！

將負荷舉至頭部上方，此訓練對於改善「膝蓋
與髖關節相互運作的動作」有所裨益。

啞鈴至腳踝呈一直線。

踮起腳後跟。

動 作 訓 練

撿拾

撿拾輕巧物品時亦莫疏忽大意、掉以輕心，不妨保持背部挺直，並感受、領會髖
關節的運用情形吧！而彎曲背部、將手伸直的撿拾方式看起來宛若傴僂老者，而
且負擔會施加在脊骨或腰部上。因此須隨時保持良好正確的姿勢，以及適切的動
作，如此即可將穩定軀幹的方法運用得宜，並能防範肌肉衰退。

貼近物品的側邊，並保持背部挺
直，再加以撿拾。

若由遠處撿拾，背部便會彎曲，
而且未運用髖關節，因此導致軀
幹不穩定。

作用於髖關節的肌肉種類繁多、林林總總，如股直肌（股四頭
肌）、膕旁肌（Hamstring）等，這些肌肉一旦衰退變硬，即易
於導致髖關節的動作欠佳，如此立姿或步行姿勢亦會受到影
響。因此請各位在平日留心注意髖關節運作的動作，並善用伸
展運動，以維持軀幹肌肉或腳部肌肉的柔軟度吧！

難度 ★★★ 負荷 ⬆⬇調整啞鈴的重量

弓步延伸

雙手握住啞鈴，單腳向斜前方闊步邁出，
並讓上半身前傾，再回復原位，反覆進行上述動作。

動作提升**大躍進！**

此訓練是由踏步動作及上半身前傾動作所組合
而成。藉由手持負荷增強軀幹肌力、腳部肌
力。

左右交替
各5次 ×
2～3組

運用髖關節、膝關節，
以輕輕地著地。

背肌呈挺直狀態。

將啞鈴貼近地板。

單腳站立三點觸碰

左右各
3次 ×
1～2組

觸碰三個瓶蓋為一次。

將寶特瓶置於前方、左右兩邊等三處。
單腳站立，並以支撐腳的同側手輕觸寶特瓶瓶蓋。

直放寶特瓶時，其位置須設置在
手能觸碰到的範圍內。

單手插腰。

觸碰瓶蓋的順序為前、右、左
此順序。

動作提升大躍進！

此訓練再度重現「往各個方向進行撿拾的動作」，對於提升平衡力亦極具效果。

膝蓋與腳尖須朝
相同方向。

腰部呈穩定狀態，並扭轉上
半身，動作須確實到位。

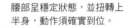

141

動 作 訓 練

跳躍

跳躍時，若您冀望跳得高，可善用此一自然動作，即「髖關節、膝蓋及腳踝彎曲，在要蹲下之際一氣呵成地向上伸展並進行跳躍」，如此就能跳得更高。此外，將「伸展腳部」與「手臂由後往前揮」的動作合而為一，藉此即可增強跳躍力。

原地跳躍時，若要跳得高，須具備此力量，即「正要蹲下時髖關節與膝蓋同時伸展的力量」。而著地時，為了減緩衝擊力，髖關節及膝蓋須同時彎曲，如此著地至身體靜止不動這段時間即會拉長。

籃球運動跳躍動作甚為繁多，在諸如此類的運動方面，倘若未習得正確的著地動作即展開練習，容易造成腳踝韌帶損傷或膝蓋韌帶損傷等傷害。而在右頁的「分腿蹲跳」方面，企盼各位能確實地熟諳著地時的姿勢與動作。

難度 ★★★ ｜負荷 ⬆ 調整啞鈴的重量

分腿蹲跳

雙手握住啞鈴，雙腳前後張開，左右腳交替進行跳躍動作，
再著地，反覆進行上述動作。

動作提升**大躍進**！

藉由雙腳前後交替的跳躍動作，即可改善膝蓋
與髖關節的相互運作，並能增強力量，而此效
果相當值得期待。

左右交替
各**5**次 ×
2～3組

往正上方跳躍，雙腳前後
快速交替。

讓上半身略微前傾，
並保持背肌挺直。

原地著地。

著地時，髖關節與膝蓋
須同時彎曲。

難度 ★★★ 負荷 ⬆手持啞鈴進行

正面跳躍登階

將單腳踩在踏台上,並用力地撐在踏台上,再往前跳,
並將對側腳踩在踏台上,反覆進行上述動作。

動作提升大躍進!
此訓練利於改善「重心轉移至前方」的前跳動作。

左右交替
各5次×
2~3組

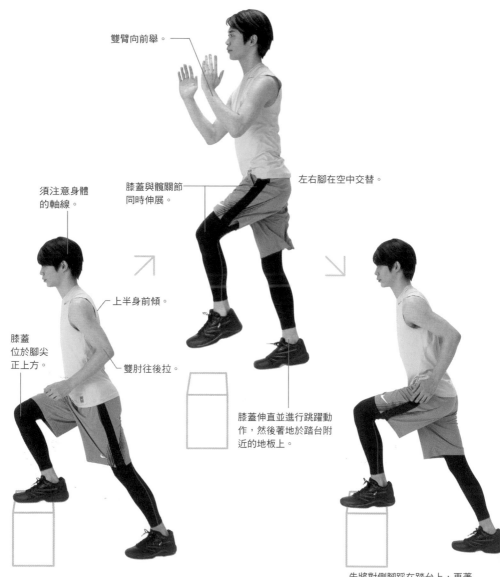

雙臂向前舉。

須注意身體
的軸線。

膝蓋與髖關節
同時伸展。

左右腳在空中交替。

上半身前傾。

膝蓋
位於腳尖
正上方。

雙肘往後拉。

膝蓋伸直並進行跳躍動
作,然後著地於踏台附
近的地板上。

先將對側腳踩在踏台上,再著
地。左右交替反覆進行。

144

難度 ★★★ 負荷 ⬆ 手持啞鈴進行

側面跳躍登階

站立於踏台側邊,單腳踩在踏台上,並用力地撐在踏台上,
再往側邊跳,並將對側腳踩在踏台上,反覆進行上述動作。

動作提升大躍進!
此訓練對於改善「重心轉移至側
邊的側跳動作」有所裨益。

左右交替
各5次 ×
2～3組

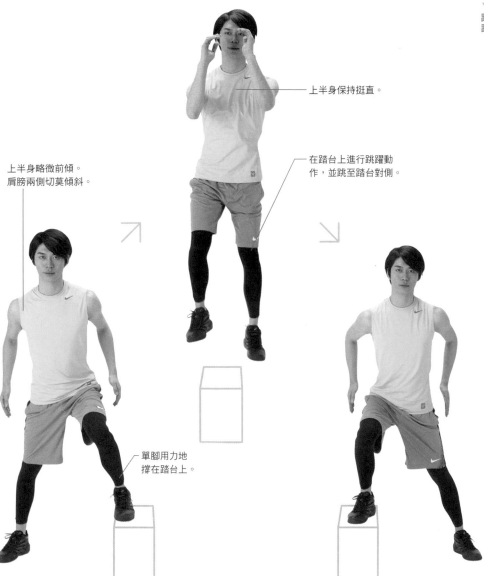

上半身保持挺直。

在踏台上進行跳躍動
作,並跳至踏台對側。

上半身略微前傾。
肩膀兩側切莫傾斜。

單腳用力地
撐在踏台上。

先將對側腳踩在踏台上,再著地。
左右交替反覆進行。

動作訓練

快速轉換方向

在與他人相撞此類時刻，身體即會閃躲，亦即必須被迫快速轉換動作的方向，此類情形不在少數。而此等快速轉換方向的能力，很容易因為年齡等因素，導致動作逐漸衰退。希望各位能讓身體預先做好準備，如此就能以敏捷迅速的轉換方向之能力閃避相撞等事故。

若上半身前傾，快速轉換方向的動作便會遲緩。

上半身一旦後仰，用以快速轉換方向的該側腳（朝左側的腳）即無法向後踮起，如此動作就會遲緩。

保持背部挺直，軀幹與著地腳則須用力，並以膝蓋撐住身體，再快速轉換方向至對側。

諸如快速轉換方向此類瞬間即刻的動作，僅採用能鍛鍊身體部位的肌力訓練加以改善實屬困難。可反覆進行快速轉換方向此動作，藉此就能將肌肉一系列的運作輸入腦中，如此當發生突如其來的事件時，亦能隨時加以應對。

146

難度 ★ ★ ★ ｜負荷 ⬆️⬇️調整手推牆壁的力度

側身靠牆深蹲

側身站立於牆壁旁，單手靠牆，並運用外側的支撐腳，
反覆進行半蹲、起立的動作。

動作提升大躍進！

此訓練利於改善「施加在身體側面的負荷之承受力」或側蹬動作。

> 左右交替
> 各**10**次×
> **2～3**組

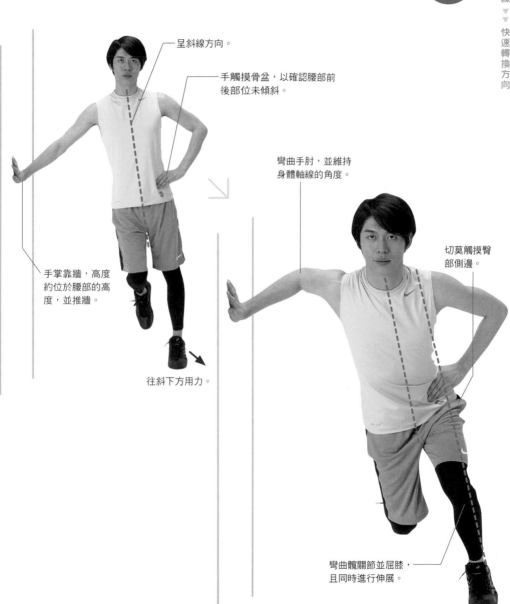

呈斜線方向。

手觸摸骨盆，以確認腰部前後部位未傾斜。

彎曲手肘，並維持身體軸線的角度。

切莫觸摸臀部側邊。

手掌靠牆，高度約位於腰部的高度，並推牆。

往斜下方用力。

彎曲髖關節並屈膝，且同時進行伸展。

147

難度 ★ ★ ★ ｜負荷 ⬆⬇ 調整啞鈴的重量

側弓步

左右交替
各5次×
2～3組

雙手握住啞鈴，單腳向側邊闊步邁出，
反覆進行快速左右換邊的動作。

啞鈴握於身體前方。

背肌呈挺直狀態，
上半身前傾。

單腳向正側方
闊步邁出，並迅速敏
捷地進行左右換邊的
動作。

動作提升大躍進！
側弓步能讓您習得快速左右換邊的動作。

回復原位，單腳並向
對側方向邁出。

為了儘可能讓著地時間
縮短，因此腳須用力撐地。

動 作 訓 練

投擲

所謂的投擲雖是人類與生俱來的基本動作，但會因運動不足或肌力減退等因素，
造成笨拙不靈活、生硬不流暢的現象。為提升投擲動作的進行效率，重點就在於
將腳部、軀幹所產生的力量巧妙地傳送至手臂上。

可讓您熟諳精通強力投球動作的要點，在於「手臂須以肩胛骨
下部所產生的投擲力進行動作」。所謂的投球並非以肩膀為中心
且以手臂來投球，而是以肩胛骨下部為中心，並運用肩胛骨與
手臂來投球。各位不妨善用下頁的「過頭拉舉（Pull Over）」，
以力求提升「手臂大幅度擺動」此動作的效能吧！

難度 ★★★ 負荷 ⬆⬇調整啞鈴的重量

仰臥過頭拉舉

呈仰臥姿勢，雙膝立起，雙手握住啞鈴。
揮動啞鈴並上舉至胸前，反覆進行此動作。

動作提升**大躍進**！
仰臥過頭拉舉致力提升「振臂向前」此動作的力量。

10次×
2～3組

雙手橫握啞鈴，並握於離頭部略遠的位置。

注意腰部切莫彎曲。

上舉啞鈴至「手臂可伸直」的位置。

VARIATION

難度 ★★★ 負荷 ⬆增強彈力繩的拉力

立姿過頭拉舉

雙腳前後張開站立。
並將彈力繩固定於後方。「雙手握住彈力繩，並置於頭部後上方，再往斜前方拉」，反覆進行此動作。

10次×
2～3組

讓下半身牢牢實實地穩定。

注意腰部切莫彎曲。

151

難度 ★★★ 負荷 ⬆⬇ 調整重物的重量，如啞鈴等物

過頭拉舉&仰臥起坐

**10次×
2～3組**

呈仰臥姿勢，雙膝立起，雙手握住寶特瓶，並反覆進行振臂、上身
上仰的動作。

雙手橫握寶特瓶，並握於
離頭部略遠的位置。

↓

先振臂。

雙肘呈彎曲狀態，並朝前。

巧妙地運用振臂的氣勢與力度，
將上身略微上仰。

動作提升大躍進！
提昇「振臂動作與上半身上仰的能力」，效果
極佳。

→

保持背部及腰部彎曲的狀態，
並讓上半身完全坐起。

動作訓練

打擊

高爾夫球的揮桿動作或棒球的打擊動作，乃是腰部與胸部的扭轉動作相互結合且相輔相成地運作所蘊育而成。單單僅運用手臂，無法將強而有力的強大力量傳送至球棒或高爾夫球桿上。

在揮桿動作或打擊動作方面，讓腰部與上半身各部位相互結合且相輔相成地運作，如此即可發揮強大的力量。

球棒或高爾夫球桿是依循由後往前此順序而揮出去的，而各部位的肌肉則會相互結合且相輔相成地依序運作，如此所謂「打球」此目的才得以達成。在「動作訓練」中，能幫助您研習並熟諳上述動作，如此即可讓您習得順暢無礙且強而有力的打擊動作。

難度 ★★★ 負荷 ⬆⬇調整啞鈴的重量

立姿扭臂

雙手握住啞鈴，並平舉於胸前，雙腳大幅張開。
「扭腰同時大幅度地扭轉上半身」，左右交替反覆進行此動作。

動作提升大躍進！
腰部及上半身相輔相成地運作，就能讓動作順暢無礙。

左右交替
各**5**次 ×
2～3組

手臂平舉，並握住啞鈴。

雙腳大幅張開。

啞鈴舉至胸部正前方。

上半身保持挺直。

讓腰部至上半身的扭轉
動作能相互結合且相輔
相成地運作。

雙腳腳後跟呈同方向。

155

難度 ★★★ ｜負荷 ⬆⬇調整啞鈴的重量

立姿
軀幹扭轉

左右交替
各5次 ×
2～3組

雙手握住啞鈴，手肘伸直，並平舉於胸前。
反覆進行上半身左右扭轉的動作。

可感覺到雙肩大幅度
地扭轉。

將啞鈴平舉於胸前。

✕

由於此乃扭轉上半身的運動，
因此切勿扭腰。

動作提升大躍進！

立姿軀幹扭轉能讓您熟諳精通「順利扭轉上半
身」的動作，對於穩定旋轉軸亦有所裨益。

須隨時維持雙肩與啞鈴
所形成的三角形。

（俯視示意圖）

胸部朝向正側方。

腰部呈朝前的狀態。

「骨骼肌訓練」，讓每一天都精神奕奕

持續進行「骨骼肌訓練」的你，心情有變好嗎？

手臂肌肉已漸增。
腰部曲線益趨窈窕。
步行速度加快。
爬樓梯變得更輕鬆
肩膀與腰部的痠痛也都擺脫了。

能親身體驗身體改變的人士，
或許您已察覺出心緒層面亦日益顯現出了變化！

可以開心地選購衣服。
焦慮情緒平復，注意力放在愉悅的事情上。
幹勁十足，工作進展順遂。

肌肉訓練「眼睛看得到」的效果，能讓你變得更積極，並有助於提升自信心。
而更進一步的是，周遭人士對您抱持的印象應該亦會漸為改觀。

如：「你看起來好年輕喔！」
「真是個積極的人啊！」
「跟你相處很愉快喔！」

　　本書所介紹的骨骼肌訓練，可謂是讓身體或動作煥然一新的良方，而其優點能讓您的人生有所裨益，並讓您懷抱希望，保持樂觀之心。若骨骼肌訓練的各種功效，能讓您終其一生盡情地樂在其中，就是我最大的榮幸。

有賀　誠司

PROFILE

有賀誠司（あるが せいじ）

1962年生於東京。日本東海大學運動醫學科學研究所教授。
進行有關肌力訓練的方法與指導方式之研究，並從事衆多運動選手與一般人
士的訓練指導。曾擔任全日本隊柔道及排球訓練指導教練。並於亞洲健美錦
標賽中，以選手之姿榮獲1991年與1993年亞軍之佳績。

著有《120項肌力訓練計劃書》(瑞昇文化出版)等書。

TITLE

不受傷完美身材計畫書　附DVD

STAFF

出版	瑞昇文化事業股份有限公司
作者	有賀誠司
譯者	蕭名珍

總編輯	郭湘齡
責任編輯	王瓊苹
文字編輯	黃雅琳　林修敏
美術編輯	謝彥如
排版	執筆者設計工作室
製版	明宏彩色照相製版股份有限公司
印刷	桂林彩色印刷股份有限公司
法律顧問	經兆國際法律事務所　黃沛聲律師

戶名	瑞昇文化事業股份有限公司
劃撥帳號	19598343
地址	新北市中和區景平路464巷2弄1-4號
電話	(02)2945-3191
傳真	(02)2945-3190
網址	www.rising-books.com.tw
Mail	resing@ms34.hinet.net

初版日期	2014年1月
定價	320元

國家圖書館出版品預行編目資料

不受傷完美身材計畫書 / 有賀誠司作；蕭名珍
譯. -- 初版. -- 新北市：瑞昇文化, 2013.12
160面；14.9*21.1公分

ISBN 978-986-5749-14-9(平裝)

1.運動訓練 2.體能訓練

528.923　　　　　　　　　　102025721